UWE BÖSCHEMEYER

WARUM NICHT

ÜBER DIE MÖGLICHKEIT
DES UNMÖGLICHEN

© 2014 Ecowin, Salzburg
bei Benevento Publishing
Eine Marke der Red Bull Media House GmbH

Lektorat: Heike Hauf
Art Direction: Peter Feierabend
Gestaltung und Satz: Frank Behrendt

ISBN: 978-3-7110-0059-0
1 2 3 4 5 6 7 8 / 16 15 14
www.ecowin.at

Printed in Europe

UWE BÖSCHEMEYER

WARUM NICHT

ÜBER DIE MÖGLICHKEIT
DES UNMÖGLICHEN

ecoWIN

INHALTS-VERZEICHNIS

Warum nicht – Über die Möglichkeit des Unmöglichen

Anhang

Kurze Einführung in die Wertorientierte Persönlichkeitsbildung

Von der Kraft des unbewussten Geistes und dem Zugang zu ihm

Literatur

VORWORT

Liebe Leserin, lieber Leser,

mir ist bewusster denn je, dass mein Leben eine Grenze hat. Dass meine Tage in überschaubarer Zeit abgelaufen sein werden. Dass die Welt ohne mich weitergehen wird. Dass einmal die Sterne ohne mich leuchten. Dass jeder Tag mich dazu herausfordert, ihn bewusst zu durchleben. Dass jeder neue Tag ein Tag eigenen Lebens ist und daher kostbar. Deshalb frage ich mich bewusster als in früheren Zeiten, wer ich bin, was mir entspricht, was ich zu tun und zu lassen habe.

Vor allem ist mir eines bewusster denn je: Über Jahrzehnte habe ich manche Ursache für das, was mir nicht guttat, nicht in mir selbst gesucht. Manches, was mir Missvergnügen oder Leid einbrachte, schrieb ich meiner Umwelt zu. Wäre mir die Endlichkeit meines Lebens früher *fühlbar* bewusst gewesen, wäre ich mit mir selbst und anderen anders umgegangen.

Meine Überzeugung nimmt zu, dass Menschen zu einem „richtig guten" Leben kommen könnten. Alle? Gewiss nicht. Aber viele. Viele von denen, die zu der Auffassung gelangt sind, sie hätten aufgrund ihrer Lebensumstände keine Chance, das Leben zu führen, das ihrer Vorstellung entspräche. Der Grund für diese Hoffnung? Wir sind im Innersten reicher und stärker als wir *wissen*. Zwar sind die Um-Stände unseres Lebens *mitbestimmend*, aber sie bestimmen uns *nicht zentral*.

Unter zwei Bedingungen könnten wir zu einem anderen Leben kommen.

Die erste Bedingung: Wenn ich mir das Bewusstsein erlaube, dass mein Dasein begrenzt ist, verdichtet sich mein Verlangen und mein Verantwortungsgefühl, in der mir zugedachten Zeit, das Beste aus mir heraus zu leben. Erlaube ich mir dieses Bewusstsein nicht, ist mir der Gedanke an mein Ende fern, neige ich dazu, die Gunst der einzelnen Stunden, Tage, Zeiten zu übersehen. Dann bin ich zu viel mit Alltagsdingen beschäftigt. Dann gehe ich durch die Zeit, als hörte sie niemals auf. Dann suche ich zu wenig die gefüllte Zeit, den Kairos, den Sinn, das Glück der jeweiligen Situation. Dann begreife ich nicht, dass es zum Leben auf diesem blauen Planeten keine Alternative gibt.

Die zweite Bedingung: Wer sein Leben verändern will, darf nicht auf Veränderungen von außen warten. Er wird an sich selbst arbeiten müssen. Das heißt? Bereit zu sein, *über den bisherigen Erfahrungsbereich hinaus* zu denken, zu fühlen und zu handeln.

Ich „verkaufe" Ihnen keine neue Heilslehre. Das wäre meiner und Ihrer unwürdig. Nahebringen möchte ich Ihnen über das Gesagte hinaus, *dass wir freier sind als wir denken, weil wir reicher sind als wir ahnen*, dass sich unser Lebensgefühl wenden kann, wenn wir *mehr als bisher* die eigene, bisher nicht geglaubte eigene *Größe und Kraft* entdecken.

Drei Anmerkungen vorweg. Die erste: Meine Studienzeit habe ich zum Teil bei dem Wiener Neurologen und Psychiater Viktor Frankl, dem Begründer der Logotherapie (einer sinnzentrierten Psychotherapie), absolviert. Und wie es sich gehört, ehrt ein Schüler seinen Meister dadurch, dass er irgendwann selber nachzudenken beginnt, ohne auch nur im Geringsten dessen überragende Leistung schmälern zu wollen. Die Zeit meines Nach-Denkens fiel in den Anfang der Neunzigerjahre, in der ich, angeregt von Viktor Frankl, das Konzept einer *Wertorientierten Persönlichkeitsbildung* zu entwickeln begann. Was die WOP® in der Praxis konkret bedeutet, wird Ihnen dieses Buch veranschaulichen. Eine kurze theoretische Einführung finden Sie im Anhang.

Mitte dieses Konzeptes war und ist die *Wertimagination*. Sie wurde im Laufe der Jahre immer mehr zum Fundament meiner Hoffnung für mich und andere. Daher werde ich sie ausführlicher im Anhang darstellen, damit Sie sich, verehrte Leserinnen und Leser, denen meine Arbeit bislang fremd war, beim Lesen nicht durch verständliche Informationslücken gestört fühlen.

Die zweite: Auf vielen Seiten ist von „er" und „ihm" die Rede. Selbstverständlich meine ich damit den Menschen, die Frau und den Mann.

Und noch etwas mir sehr Wichtiges: Ich danke von Herzen meiner Frau Christiane für die vielen Stunden, in denen ich mit ihr über das Buch sprechen konnte.

Uwe Böschemeyer, Salzburg, im Dezember 2013

EINLEITUNG

Noch immer ist mir die Viertelstunde gegenwärtig, in der ich am Hamburger Hauptbahnhof auf meinen Zug nach Berlin wartete. Ich hatte mir vorgenommen, die Gesichter der an mir vorübereilenden Menschen anzusehen. Ich wollte wissen, auf welchen sich Zufriedenheit, Wohlbefinden, möglicherweise sogar Glück widerspiegelte. Was ich fand, war bedrückend. Von den etwa hundert Passanten zeigten vielleicht drei oder vier, wonach ich gesucht hatte. Und die anderen? An verzweifelte Gesichter erinnere ich mich nicht, wohl aber an viele ausdruckslose, also an solche, die nicht oder kaum Lebensfreude ausdrückten.

Ich arbeite seit mehreren Jahrzehnten mit Menschen, die seelisch krank sind. Mehr noch mit jenen, die meinem Eindruck nach *nicht wirklich* krank sind, aber nicht gut leben können, also *existenziell* leiden. Die von ihrem Leben frustriert sind. Die häufig Konflikte haben und unter Spannung stehen. Die aggressiv sind und selbst am meisten darunter leiden. Die zu wenig Orientierung haben und daher zu wenig Sinn erfahren. Die sich innerlich leer und müde vom Leben fühlen. Die glauben, sie säßen fest. Die sagen, sie hätten keine Kraft (mehr) zur

Auseinandersetzung mit ihren persönlichen Problemen und denen dieser Zeit. Die sich einsam fühlen und „einfach nicht mehr wollen". Die meinen, sie wären für dieses große Leben zu klein geraten. Die manchmal Angst haben, „verrückt" zu werden, weil sich kein Ausweg zu zeigen scheint. Die innerlich und äußerlich keinen wirklichen Grund mehr zum Leben finden, auch nicht oder schon gar nicht in der Familie. Kurzum: Ich denke an Menschen, die ihr Leben „nicht gut" finden und/oder sich ihm nicht (mehr) gewachsen fühlen.

Zur großen Zahl derer, die keine oder zu wenig Lebensfreude und damit keinen oder zu wenig Sinn erfahren, zähle ich auch jene, die in großen Einrichtungen und Unternehmen arbeiten, etwa in der Wirtschaft, in Kliniken, Schulen, in der Politik, in staatlichen Einrichtungen. Menschen, die meinen, ihr „System" lasse ihnen zu wenig Raum zum Durchatmen. Die davon ausgehen, dass primär die äußeren Bedingungen für ihre ungenügende Lebensqualität verantwortlich sind. Aber, und darum geht es mir in diesem Buch: *Was ist, wenn sich die Verhältnisse oder das „System" oder die Um-Stände nicht bald, vielleicht auch gar nicht ändern oder verändern lassen? Wenn die Unzufriedenheit anhält? Wenn die Zeit vergeht und kaum oder keine Freude mehr aufkommt?* Vita brevis. Das Leben ist kurz.

Damit wir uns, verehrte Leser, ja nicht missverstehen: Ich selber weiß, welche Macht *äußeres* auf *inneres* Leben haben kann, welchen Ein-Fluss die *Strukturen* auf *einzelne* Menschen und Menschengruppen haben. Und deshalb soll geändert werden, was geändert werden kann! Und doch: Die *Um-Stände*, unter denen wir leben, sind zwar bedeutsam, aber sie sind nicht die *Mitte* des Menschen. Deshalb entscheiden letztlich nicht sie, sondern entscheidet der *innere* Mensch über die Qualität seines Lebens.

Da die Welt bekanntlich kein Paradies ist und unsere Stress gebärende Zeit schon gar nicht, werden tausend und mehr Belastungen für den Einzelnen bleiben, und seien sie noch so ungerecht und unnötig. Was also wäre, wenn ich mich auf mich *selbst* besinnen, wenn ich mich *selbst* mehr als bisher entdecken würde? Mich selbst? Meine durch meine gegenwärtige Frustration oder mein vergangenes Leben verdeckten, verleugneten, verdrängten, verkapselten *Fähigkeiten*. Mich selbst in meiner Unverwechselbarkeit, meinem Eigen-Sinn?! Warum nicht, warum nicht die Möglichkeit des scheinbar Unmöglichen wagen?

Sagen Sie nicht, dieser Gedanke sei Ihnen längst bekannt. Es sei banal, einen erneuten literarischen Aufschwung zu einem neuen Lebensmodell anbieten zu wollen, zumal in der Breite der angedeuteten Problematik. So habe auch ich gedacht, ehe ich mich an dieses Buch herantraute. Und was änderte meinen Sinn? Meine *Erfahrung*, dass in uns viel wartendes Leben schlummert, das darauf drängt, endlich herauszukommen. Dass wir „mehr" sind als wir denken. Dass wir Vieles, was wir als Schicksal beklagen möchten, als Mangel an gelebter Verantwortlichkeit beweinen sollten. Meine Überzeugung ist, dass nicht nur die Technik Fortschritte machen kann, sondern auch der Mensch, der sie entwickelt. Und dass es zweifellos wenig bekannte oder gar verkannte *Zugänge zu uns selbst gibt!*

Wenn nun also trotz Ihrer Skepsis die Ent-Deckung *im Grunde* vorhandener Möglichkeiten zu einer besseren Lebensqualität führen würde? Daran nämlich zweifle ich nicht: Keine immer anschaulicher werdende Analyse des Trübsinns, keine Pflege der gegen die Um-Stände gerichteten aggressiven Kräfte, sondern die *Besinnung und Ausrichtung auf bisher nicht gelebte persönliche Möglichkeiten* würde der um sich greifenden Frustration entgegen wirken können. Und auch daran zweifle ich nicht: dass ein Mensch, der mehr und mehr zu sich selbst kommt, mehr und mehr *auch auf die Um-Stände* Einfluss nehmen kann, vor allem dann, wenn er sich mit anderen zusammenschließt.

Wartendes Leben? Damit meine ich die viel zitierten spezifisch menschlichen Werte, die ja nicht glitzernde Juwelen sind, sondern *Gefühlskräfte*, die zu unserer geistigen Ausstattung gehören. Die weit mehr sind als ein philosophisch getarntes Tugendspiel konservativer Kreise. Die nicht nur *Leitlinien* zur Orientierung auf dem Weg zu einem sinn- und freudvollen Leben sein können. Sondern die darüber hinaus auch – und das scheint viel zu wenig bekannt zu sein! – *starke Energien sind*, wenn wir uns auf sie *einstellen, uns auf sie ausrichten, uns auf sie beziehen, ganz nahe an sie heranrücken, sie fühlen!* Die nicht nur Lebenssinn begründen, sondern auch – und *darin* kommen sie zu ihrem Ziel – das heiß ersehnte Gefühl der Identität stiften, also das Gefühl, ich selbst zu sein.

Gerade zur rechten Zeit liegt auf meinem Schreibtisch ein aufregendes Buch, das zu bestätigen scheint, was auch ich in meiner Arbeit seit Längerem beobachte: „Die Praktiker an der ‚Front' des Lebens und Arbeitens – Manager, Lehrer, Krankenschwestern, Landwirte, Führungskräfte aus Wirtschaft und Politik", schreibt der Wirtschaftswissenschaftler C. Otto Scharmer in „Theorie U.", „fühlen die Hitze einer sich immer weiter hochschraubenden Arbeitsbelastung und den Druck, noch mehr zu leisten. Viele beschreiben diesen Zustand als Arbeiten gegen Windmühlen oder Laufen im Hamsterrad. Und dennoch wird die Schraube des sich erhöhenden Arbeitsdrucks kontinuierlich eine Windung weitergedreht."[1]

Was ist der *Grund* für diese Entwicklung? Scharmer sieht die zentrale Krise unserer Zeit darin, dass Wissenschaftler und Politiker keinen hinreichenden Zugang mehr zu ihrem „eigenen Innenraum" haben, dass sie nicht mehr „mit der tieferen Quelle ihres authentischen Selbst" verbunden sind. Dass sie sich primär darauf ausrichten, was sie *bisher geworden* sind, nicht aber oder viel zu wenig auf „unser werdendes Selbst", auf das in uns wartende Leben, auf die „größere

Person", die bisher nicht bekannte Möglichkeiten in sich birgt.

Wohin führt diese Entwicklung? Scharmer stimmt dem früheren tschechischen Präsidenten Václav Havel zu, der 1994 in einer in Philadelphia gehaltenen Rede sagte: „Ich denke, es gibt gute Gründe für die Annahme, dass das moderne Zeitalter zu Ende geht. Es gibt heutzutage viele Hinweise darauf, dass wir uns in einem Übergangsstadium befinden, wo etwas auf dem Weg hinaus ist und etwas anderes unter Schmerzen geboren wird. Es ist so, als ob etwas taumelt, schwankt, schwindet und sich selbst erschöpft – während etwas anderes, noch Unbestimmtes, langsam beginnt, sich aus den Trümmern zu erheben."[2]

Und was braucht diese Zeit? Scharmer: „Die Herausforderungen, denen wir uns stellen müssen, erfordern ein Uns-unserer-Bewusstwerden und ein Verändern des inneren Standortes."[3] Das heißt? Die „Öffnung des Denkens, die Öffnung des Fühlens, die Öffnung des Willens" – die „Intelligenz des Herzens."[4] Dieser eigene Innenraum, dieses authentische Selbst ist auch für mich Mittelpunkt meiner Arbeit mit Menschen, die nicht mehr so recht wissen, „wie Leben geht" oder wie sie aus ihrem Hamsterrad herauskommen können.

Ich möchte mit diesem Buch zum Leben ermutigen und Freude an einem Leben wecken, das viele begeisterungslos verbringen. Ich möchte Bewusstsein wecken, dass die kurze Zeit zwischen Geburt und Tod uns dazu herausfordert, zu uns selbst und einem qualitativ wertvollen Leben zu kommen. Dafür werben, dass ein primär wertorientiertes Dasein weit attraktiver ist als ein primär problemorientiertes. Dass viel Unzufriedenheit, inneres Verknotetsein, ja auch Verzweiflung nicht sein müssten, wenn uns klarer wäre, dass ein ziel- und also wertorientiertes Denken und Fühlen unser Leben verändern könnte wie nichts anderes.

Bronnie Ware, eine australische Krankenschwester, die viele Menschen in ihren letzten Tagen vor dem Tod begleitete, hielt die fünf unerfüllten Wünsche fest, die Menschen am häufigsten äußerten. Sie machen mich sehr nachdenklich:

- Ich wünschte, ich wäre mutiger gewesen, mein eigenes Leben zu führen – anstatt eines, das andere von mir erwarteten.
- Ich wünschte, ich hätte nicht so viel gearbeitet.
- Ich wünschte, ich wäre mutig genug gewesen, meine Gefühle zu zeigen.

- Ich wünschte, ich wäre mit meinen Freunden in Kontakt geblieben.
- Ich wünschte, ich hätte mich glücklicher sein lassen.[5]

WO STEHE ICH HEUTE?

Wenn mir aufgegangen ist, dass ich so wie bisher nicht weiterleben will; dass ich zu meinem bisherigen Leben bestenfalls ein halbes Ja sagen kann; dass ich mich aufmachen will, mehr als bisher *leben* zu wollen, also das Beste aus meiner Zeit heraus zu leben. Wenn mir aufgegangen ist, dass die Spanne zwischen Geburt und Tod kürzer ist als ich bisher dachte und es an der Zeit ist, sie mehr als bisher mit guten Inhalten zu füllen. Wenn mir aufgegangen ist, dass die Schule, die Klinik, die Universität, der Wirtschaftszweig, die Sozialeinrichtung, der Beruf, der Chef, die Mitarbeiter, die Hausgemeinschaft, die Familie, kurzum: dass die *Außenwelt* mich selbst, also meine *Innenwelt* mehr bestimmt als mir lieb und zuträglich ist und dass niemand außer mir selbst dazu aufgerufen ist, mein Da-Sein zu ändern. Dann sollte ich mich zuerst fragen, *was aus mir bisher geworden ist*, wo ich jetzt stehe, wie es mir heute geht und ob ich wirklich freier werden will. Ich muss Bilanz ziehen. Und dazu gehören Fragen wie diese:

Wie sehen meine Tage konkret aus?
Was verschafft mir Freude, was Frustration?
Was fehlt mir am Tage? Was füllt mich aus?

Kann ich den Abend genießen?
Und die Nacht? Erhole ich mich im Schlaf?
Wovon sprechen meine Träume? Sind sie mir wichtig? Welche Themen wiederholen sich?

Meine Beziehung zu Menschen ...
Ich fühle mich von Menschen verletzt. Schuld waren nur die anderen? Ich mag Menschen? Welcher Menschentypus macht mich unsicher? Gibt es jemanden, von dem ich abhängig bin? Autoritäten machen mir keine Angst? Kann es sein, dass ich zu gehemmt, zu unsicher, zu ängstlich, zu verbittert oder zu resigniert bin? Ob diese ungünstigen Einstellungen bleiben müssen?

Worin bin ich unfrei?
Unfrei, weil ich eines bestimmten Gefühls nicht Herr/Frau werde? Etwa der Wut, der Angst, der Ungeduld, der Sehnsucht, der inneren Heimatlosigkeit? Kann es sein, dass ich unfrei bin, weil mich noch immer Ereignisse oder Erlebnisse von früher bedrängen? Eines ist sicher: Die Ereignisse aus alter Zeit mögen „Schnee von gestern" sein, nicht aber die damit verbundenen Gefühle und Gefühlskräfte –, bis wir uns hinreichend mit ihnen ausei-

nandergesetzt haben. Was mag die Quelle meiner Unfreiheit sein? Und: Lasse ich meine Sehnsucht nach Freiheit zu?

Kann ich Nein sagen, wenn jemand etwas von mir möchte oder verlangt, was ich selbst nicht will? Und: Sage ich, was ich denke, und tue ich, was ich sage?

Was macht mir Angst?
Der Druck der Arbeit? Die Urteile der Mitmenschen? Die Freiheit, die sich mir anbietet? Die Zeit, in der ich lebe? Etwas in mir, das ich nicht kenne, worüber ich mit jemandem sprechen sollte? Will ich überhaupt wissen, was mich ängstigen könnte? Ist mir bewusst, dass die Angst die Gefahr wie durch ein Vergrößerungsglas sieht? Für welche Situationen der Vergangenheit könnte dieser Vergleich zutreffen?

Was macht Freude in meinem Leben?
Worüber freue ich mich immer wieder? Was hindert mich daran, mich mehr als bisher zu freuen? Wann übermannt/überfraut mich die Lust am Leben? Gestatte ich mir manchmal, so richtig unvernünftig zu sein? Wann habe ich das letzte Mal

aus voller Brust gesungen? Lache ich oft genug? Kenne ich auch die scheinbar grundlose Freude? Immer wieder denke ich an den Satz des Rabbi Nachman Ben Simcha: „Durch die Freude wird der Sinn sesshaft, aber durch die Schwermut geht er ins Exil."

Die Wünsche ...
Kenne ich sie? Gibt es einige, die ich mir tatsächlich erlaube? Gibt es andere, die ich mir erfüllen könnte, deren Verwirklichung ich jedoch immer wieder vor mir herschiebe, weil „ich nicht dazu komme"? Wozu „komme ich denn nicht"? Kann es sein, dass ich zu wenig zu mir selbst komme, weil ich meine eigenen Wünsche so wenig ernst nehme? Das jedenfalls sollte ich nicht vergessen: Wünsche sind 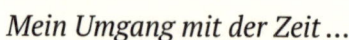 Lotsen zum Sinn.

Mein Umgang mit der Zeit ...
„... halten Sie immer an der Gegenwart fest", sagte der alte Goethe in einem Gespräch mit seinem Sekretär Eckermann. „Jeder Zustand, ja jeder Augenblick ist von unendlichem Wert, denn er ist der Repräsentant einer ganzen Ewigkeit." Welch ein Satz! Ob ich ahne, was es bedeutet, in der Zeit zu sein?

Also: Wie gehe ich selbst mit meiner Zeit um? Womit fülle ich sie vor allem? Ist das, womit ich sie fülle, meine persönliche Erfüllung? Oder ist das, was meine Zeit füllt, das, was mich von mir selbst entfremdet? Was könnte ich heute ändern, was später, was gar nicht?

Selbstentfremdung

Was von dem, was ich denke, fühle, tue, gehört nicht wirklich zu mir? Was bewirkt diese Fremdheit in mir? Woher kommt sie? Warum lasse ich sie zu? Bin ich mir selbst nicht wichtig genug?

Mein Umgang mit der Stille

Die Stille ist der „Ort", an dem die Seele zu sprechen beginnt über das, was ihr fehlt und was sie braucht. Die Stille ist der „Ort", an dem viel Fremdes von ihr abfällt und ich das Gefühl habe, nirgend woanders als hier sein zu wollen. Doch still wird es nur in mir, wenn ich zuerst das Störende zur Kenntnis genommen habe.

„Wenn ich Arzt wäre", sagte einmal der dänische Philosoph Sören Kierkegaard, „und mich jemand fragte: was meinst du wohl, was getan werden sollte? – Ich würde antworten: das Erste, die unbedingte

Bedingung dafür, dass überhaupt etwas getan werden kann, also das Erste, was geschehen muss, ist: Schaff Schweigen, hilf anderen zum Schweigen!"

Wenn ich also Bilanz ziehe, frage ich mich: Habe ich bislang genug *gesucht, gelebt, geliebt*? Habe ich das *Wesentliche* gefunden? Sage ich vielleicht zu oft den wenig begeisternden Satz: „Man muss ja zufrieden sein ..."?

Wie also lasse ich mich durch die Tage gehen? Und sollte es so sein, dass ich mein Leben so, wie es jetzt ist, nicht mehr will, dann sollte ich die Frage zulassen, ob ich es wirklich ändern *will*.

Was ist denn dieses „wirklich wollen"? Wirklich wollen, das ist: Nicht zuerst fragen, ob ich „das" kann, sondern ob ich „das" will. Nicht zuerst darauf sehen, was schwierig, sondern darauf, was möglich ist.

Warum Bilanz ziehen? Weil aller Erfahrung nach erst dann, wenn mir aufgegangen ist, was ich nicht bin, nicht habe, nicht kann, wenn mir meine Defizite an die Nieren gegangen sind, ich bereit bin zu ändern, was zu ändern möglich ist. Doch das allein reicht nicht aus. Wichtig ist darüber hinaus ein zweiter Schritt: Das Wissen, unter welchen Um-Ständen dieses kühne Unternehmen scheitern könnte.

WAS ICH
WISSEN SOLLTE,
WENN
ICH MICH
VERÄNDERN
WILL

DAS SOLLTE ICH WISSEN: DIE SEELE IST KONSERVATIV

Der große Schweizer Seelenkenner C. G. Jung hat einmal gesagt, die psychische Lebenskraft besitze eine bedeutende Trägheit, die kein Objekt der Vergangenheit lassen, sondern es für immer festhalten wolle. An anderer Stelle äußerte er, die Natur des Menschen sei konservativ, sie verändere sich nur unter Not. Beide Erkenntnisse entstanden nicht am Schreibtisch, sie stammen aus psychotherapeutischer Erfahrung. Sie bedeuten, dass die Kluft zwischen Wollen und Vollbringen unter Umständen tiefer ist als wir vermuten.

Will ich mein Leben ändern, dann muss ich *fühlen*, warum ich so, wie ich gelebt habe, nicht mehr weiterleben will. Dann muss ich mich erschüttern lassen von dem, was ich jahrelang gegen meine eigenen Wünsche zugelassen habe – von mir selbst und anderen. Nur dann, wenn Körper, Seele und Geist in den Widerstand gegen mein zu kurz gekommenes Leben gehen und ich mich *auf-mache* für das neue, das kommen kann, werde ich meine Trägheit überwinden. Je tiefer ich begreife, dass ich mein bisheriges Leben so nicht fortsetzen will, desto kraftvoller wird meine Empörung (empor!)

über mein bisheriges Dasein und desto wacher mein Geist für das Aufspüren der Gründe für neue Hoffnung sein. Das ist so!

Aber – zugegeben! – es ist nicht immer so. Es kann sein, dass sich im Laufe des persönlichen Prozesses Müdigkeit einschleicht, dass Erinnerungen an bittere Stunden sich in den Vordergrund drängen, sodass Skepsis sich breitmacht, ob nicht „der ganze Positivismus" eine Farce sei, dass eine Krankheit die ersten Hoffnungskeime vertrocknen lassen würde. Dann ist es wichtig, sich daran zu erinnern, dass die psychische Lebenskraft eine bedeutende Trägheit besitzt.

DAS SOLLTE ICH WISSEN: DIE SEELE IST WIDERSPRÜCHLICH

Kaum einem Satz der Weltliteratur wird weniger widersprochen als der Klage des Paulus: „Das Gute, das ich will, das tue ich nicht. Das Böse aber, das ich nicht will, das tue ich." Selbstverständlich darf dieser Satz nicht verallgemeinert werden, doch gilt er häufig genug. Dafür gibt es zahllose eindrucksvolle Belege. Einige Beispiele:

- Ein Mann ahnt, dass ihm sein Stress bald einen Herzinfarkt bescheren könnte. Er hat Angst vor dieser Möglichkeit. Und doch lebt er weiter wie bisher.

- Eine Frau ahnt, wie wichtig es wäre, die Feindschaft gegen ihre Familie endlich aufzugeben und versöhnliche Zeichen zu setzen. Trotzdem greift sie wieder zum Hörer und entlädt ihre Aggressionen.
- Eine Frau und ein Mann ahnen, dass ihre Ehe gefährdet ist. Sie wissen sogar, dass sie sich noch immer lieben. Doch statt sich Zeit für Gespräche zu nehmen, fliehen sie in die Arbeit.
- Eine Frau erzählt mir diesen Traum: Sie steht in einem Tal, in dem es kein Wasser mehr gibt. Da weist jemand auf die Höhe des Berges und teilt ihr mit, dort gäbe es eine Hütte, in der ein Mann Wasser ausschenke. Allerdings müsse man einen Eimer mitbringen. Oben angekommen, sieht die Träumerin vor der Hütte eine Schlange wartender Menschen. Sie alle tragen einen Eimer zum Empfang des Wassers. Sie aber will das Wasser ohne Eimer! Schließlich steht sie vor der Hütte – ohne Eimer – und wird abgewiesen. Sie ist entsetzt.
- Inzwischen weiß die ganze Menschheit, dass die Pole unseres schönen Planeten schmelzen

und der Klimaschutz eine vordringliche Aufgabe dieser Zeit wäre, doch noch immer sind nicht alle Länder bereit, sich dafür einzusetzen.

Diese und andere Beispiele aus Vergangenheit und Gegenwart bestätigen die seltsam anmutende These, dass zu den bedrückendsten Geheimnissen des Menschen die Möglichkeit gehört, gegen sich *selbst* sein zu können – gegen seinen eigenen Lebensdrang, seine eigene Vernunft, seinen eigenen Geist. Was das bedeutet, sieht überzeichnet so aus: Wer gegen sich selbst ist, lehnt sich selbst ab. Wer sich selbst ablehnt, akzeptiert nicht das Gute in sich. Wer das Gute in sich nicht akzeptiert, kommt nicht zu sich, ist nicht bei sich, ist nicht mit sich eins, erkennt nicht seinen „wahren Willen". Und weil ein Mensch so nicht leben kann, projiziert er seine Selbstablehnung auf andere, sodass er glaubt, andere seien gegen ihn. So macht er sich Menschen zu Feinden, die von ihrer Feindschaft gegen ihn gar nichts wissen.

Er verhält sich destruktiv, nicht konstruktiv. Er liebt nicht, sondern lehnt ab: die Welt, in der er lebt, und das einzige, was er hat – sich selbst. Er wird zur Monade, zu einem in sich abgeschlossenen, vereinsamten, sich selbst unter Druck setzenden Menschen, der sich weder auf die eigene innere Welt noch auf anderes Leben bezieht. Und so verliert er den Blick für das Schöne und Wertvolle, das in der Welt reichlich vorhanden ist, und hat Mühe, sein eigenes Leben bejahen zu können.

Die primäre Ursache für die Möglichkeit der Selbstablehnung sehe ich in der *Macht des inneren Gegenspielers*. Wir kennen ihn aus Märchen, Mythen, Träumen und Imaginationen. Er ist die Personifizierung der *Lebensverneinung*. Sie ist in jedem Menschen, ob sie ihm bewusst ist oder nicht. Wenn wir diese destruktive Großmacht leugnen, wird sie uns rascher beherrschen als uns lieb ist. Je klarer wir die Möglichkeit erkennen, gegen uns selbst sein zu können, desto eindeutiger können wir das „Gute" wollen und es wirksamer mit unserem Geist durchsetzen.[6]

- Im Traum steht ein Mann vor einer Schießbude und zielt mit einem Gewehr auf eine Figur. In dem Moment jedoch, in dem er abdrückt, zeigt die Figur ihr Gesicht, das ihm nicht unbekannt zu sein scheint. Er weiß aber nicht, um welchen Menschen es sich handelt. Voll Panik wacht er auf. Die Unruhe weicht den ganzen Tag nicht von ihm. In der Nacht darauf wiederholt sich der Traum (ein Hinweis darauf, wie wichtig die Seele das Thema nimmt!). Wieder schießt er auf die Figur. Und in dem Augenblick, in dem er abdrückt, erkennt er das Gesicht, auf das er geschossen hat: Es ist sein eigenes. Da beginnt er, etwas ganz Wichtiges zu begreifen.

Zwei Seelen wohnen, ach, in meiner Brust ... Auch in denen, die sich dazu berufen fühlen, anderen behilflich zu sein, die eigene Mitte zu finden. Manches Mal staune ich darüber, dass ich meinen Klienten in einem Problem behilflich sein kann, das in mir selbst noch immer auf Lösung wartet. Dann geht mir wieder einmal auf, dass beide „Seelen" in uns bleiben, solange wir leben. Doch macht es einen qualitativen Unterschied, ob deren Wechselspiel „unentschieden" endet oder ob die lebensbejahende Seite die Oberhand gewinnt.

DAS SOLLTE ICH WISSEN: DIE FIXIERUNG AUF EIN PROBLEM MACHT MACHTLOS

Weil das folgende Bild so anschaulich ist, beschreibe ich es in Variationen immer wieder: Ich stehe in einem Raum, sehe die Gardinen, Bilder, Bücher, Möbel und vieles andere mehr, nehme auch seine Helligkeit wahr. Ich rieche den Duft, der zu ihm gehört, höre das Ticken der Uhr, das mich an etwas Angenehmes erinnert. Ich lasse den Raum auf mich wirken – und finde ihn schön. Da fällt von einem welk gewordenen Blumenstrauß ein trockenes Blatt auf den Tisch. Mir kommt eine Idee:

Ich nähere mich dem trockenen Blatt, fixiere es mit meinem Blick. Da scheint es, als werde das Blatt immer größer. Während ich mich noch tiefer darüber beuge, sehe ich nur noch das welke Blatt, kaum noch den Tisch, nichts mehr von den vielen anderen Dingen im Raum, und gar nicht mehr spüre ich seine Atmosphäre. Der Raum wird zum trockenen Blatt.

Ich entferne mich wieder. Je weiter ich mich zurückziehe, desto kleiner wird das Blatt. Der ganze Raum kommt wieder in mein Blickfeld. Das Blatt sehe ich noch – wenn ich will –, doch der Raum wird wieder zu dem Raum, in dem ich gerne bin.

Ein Klient erzählt mir von seinem eleganten Boot, mit dem er auf der Elbe segelt. Irgendetwas hat am Bug seines Schiffes eine kleine Delle hinterlassen.

Die darf nicht sein. Und so beginnt er zu schleifen, bemüht, den „Schaden" unsichtbar werden zu lassen. Er schleift lange. Er schleift weiter. Er sieht nur die Delle. Er ist auf die Delle fixiert und darauf, sie zu beseitigen. Einige Stunden nimmt ihn die Arbeit – die Fixierung – in Anspruch. Dann geschieht es. Die kleine Delle ist verschwunden. Das große Loch ist da. Die Verzweiflung unseres maritimen Schleifers auch.

Ein anderes, dramatisches Beispiel: Ein Mann wird im Krankenhaus neurologisch untersucht. Da hört er, dass der behandelnde Arzt zu einem Kollegen sagt: „Das ist *nicht(!)* MS (Multiple Sklerose)." Der Mann hat sich nicht verhört, doch er fixiert sich auf den Begriff MS. Fortan sucht er wochenlang nach allen Artikeln und Büchern, die „sein" Thema betreffen. Seine Angst verdichtet sich. Er besorgt sich für den „Fall der Fälle" ein Präparat, mit dem er sich das Leben nehmen könnte und deponiert es im Kühlschrank. Schließlich lässt er sich in eine bekannte Klinik einweisen. Doch bevor er die Fahrt antritt, sagt ihm sein Hausarzt: „Da werden Sie genauso herauskommen, wie Sie hineingegangen sind." Kurz danach nimmt sich der Mann das Leben.

Die Möglichkeit der Fixierung auf einen bestehenden negativen Zustand ist ein ernstes und in seiner Bedeutung nicht hinreichend beachtetes Problem. Es gibt weitere Beispiele, die in ihrer Dramatik weit über die eben genannten hinausgehen: Ich denke an Frauen und Männer in Kliniken, Schulen, Unternehmen oder Familien, die über Belastungen klagen, die in der Tat nicht zumutbar sind. Sie kennen die Klagen: Da ist die Rede von Personalmangel, Überstunden, mangelnder Bezahlung, Nervosität, Reizbarkeit, Erschöpfung, zunehmender Krankheitsanfälligkeit, innerer Leere, Gefühle der Sinnlosigkeit, Burnout etc. Lösungen sind nicht in Sicht. Die Fixierung auf das Problem liegt verständlicherweise nahe.

Und doch: Wer sich auf das *fixiert*, was ihn unzufrieden, aggressiv, deprimiert oder unglücklich macht, wer seinen Blick einseitig auf das richtet, was ihn belastet, wer keine Hoffnung auf Veränderung der äußeren oder inneren Verhältnisse zulässt, läuft Gefahr, dass ihn sein Leben dorthin zieht, wohin er selbst nicht will: in die existenzielle Frustration. Und so wenige sind es nicht, die im Lauf der Zeit mit einer geradezu grimmigen Lust auf ihr Leben sehen. Daher ist es von großer Bedeutung, sich die Falle der *Fixierung auf das bestehende Problem* zu vergegenwärtigen.

DAS SOLLTE ICH WISSEN: AN ZIELE NUR ZU DENKEN, IST NICHT ZIELFÜHREND

Wenn ich mein Leben verändern will, muss ich wissen, *in welche Richtung* ich es verändern will. Es genügt nicht zu sagen: Es soll anders werden als bisher. Ich will endlich sinnvoller oder glücklicher leben. Ich muss auch wissen, was anders werden, was sinnvoller werden soll und welche Gründe für Glück ich leben möchte. Eine weitere „Falle" wäre, dass die „psychische Trägheit" mich dazu verführen könnte, meine Ziele ins Irgendwann zu verlagern, statt mich zu ermutigen, mich *ab heute* auf ein bestimmtes Ziel zu konzentrieren. Vor allem sollte man Dostojewskis Einsicht beherzigen, dass es eine *neue* Philosophie, eine *neue* Lebensart nicht umsonst gebe. Man müsse teuer dafür bezahlen und erringe sie nur mit viel Geduld und großem Bemühen. Der nächste Schritt?

„ES" SOLL ANDERS WERDEN – „ES"?

Das zu wissen ist zunächst wichtig: dass die Seele konservativ und widersprüchlich –, dass der innere Gegenspieler eine Großmacht ist –, dass mit jedem Typus eine bestimmte Schwäche verbunden –, dass der machtlos ist, der sich auf sein Problem fixiert –, dass ich meine Ziele nicht erreiche, wenn ich sie nur bedenke und erträume.

Was wäre darüber hinaus wichtig, vielleicht sogar *entscheidend* für den Beginn einer Wende zu einem anderen, „besseren" Leben?

Alles Große in unserem Leben verlangt ein Wagnis, etwa die Liebe, der Glaube, die Hoffnung. Und die *Entscheidung*, das Lebensboot in eine andere Richtung steuern zu wollen. Sie ist zugleich die Bedingung dafür, dass unser Lebensfluss nicht zu einem langweiligen und frustrierenden Kanal verkommt. Aber, so warnt uns Sören Kierkegaard: „Es ist nicht zu glauben, wie schlau und erfinderisch die Menschen sind, um der letzten (also großen) Entscheidung zu entgehen."

Was charakterisiert eine Entscheidung? Dass ich mich für einen von zwei oder mehr Wegen entscheide. Dass ich mich, nachdem ich mich von dem verabschiedet habe, den ich nicht will, dem Weg zuwende, *den* ich will. *Und das mit allem, was ich bin!* Also mit Verstand und Gefühl, mit Leib, Seele und Geist! Dass ich dann so wenig wie möglich zurückblicke auf das, was mir nicht gelang, worin ich scheiterte, worin ich nicht ich selbst war, was mich von mir selbst entfremdete. Dass ich stattdessen in die Gegenwart und in die frühe Zukunft sehe und mir vergegenwärtige, dass der Beginn der Wende zu einem anderen Dasein einem durchaus nicht leichten Bergaufstieg gleicht, bei dem die bewusste Ausrichtung auf mein Ziel von großer Bedeutung ist.

Was sollte fortan die *Hauptsache* sein? Weswegen will ich hauptsächlich da sein? Was soll das Wichtigste, das Wesentliche, die Mitte meiner Tage sein? Die Hauptsache eines Menschen ist das, was ihn vor allem anderen angeht und betrifft, worum sich „alles" dreht, was ihn am meisten bewegt, wonach er vor allem anderen strebt, wofür er vieles andere hintanstellt, wofür er unter Umständen auch Opfer bringt, woran er sein Herz am meisten hängt. Die Hauptsache ist das, weswegen er leben möchte, was Sinn für ihn macht.

Lassen Sie sich Zeit, wenn Sie nach einer Antwort suchen. Es kann ja sein, dass Sie gegenwärtig hauptsächlich das leben, was Sie *nicht* leben wollen. Wenn das so ist und Sie das ändern wollen, würde ich an Ihrer Stelle meine Klage über die Um-Stände reduzieren und stattdessen auf mich wirken lassen, was Ihnen gerade aufgegangen ist: Dass *Sie* das nicht leben, was Sie hauptsächlich leben wollen, und dass Sie das leben, was Sie hauptsächlich *nicht* wollen.

Ich selbst stand in meinem Leben vor mehreren wichtigen Entscheidungen. Nach meinem Abschluss bei Viktor Frankl in Wien verdichtete sich in mir der Wunsch, das „Hamburger Institut für Existenzanalyse und Logotherapie" zu gründen. Ich war 42 Jahre alt, Hamburger Universitätspfarrer und wusste, dass meine Karriereleiter als Beamter noch nicht zu Ende war. Das Problem war nur: Es gab in ganz Europa keine Einrichtung dieser Art, sodass ich weder wusste, *wie* ein solches Institut arbeiten und *ob* es sich überhaupt wirtschaftlich tragen könnte. Eigenes Geld hatte ich außer meinem Gehalt keines. Hinzu kam, dass der Begriff Logotherapie in Hamburg so gut wie unbekannt war.

Zur Entscheidung stand nicht, ob ich der Theologie den Rücken kehren und mich nur noch der

Logotherapie zuwenden wollte. Einen solchen Zwiespalt gab es in mir nicht. Vielmehr ging es um die *Machbarkeit* meiner Idee. Alles sprach dagegen – bis auf meine Vision. Denn ich war davon überzeugt, dass die existenzanalytische Logotherapie ein Juwel ist. Der Entscheidungsprozess ging über längere Zeit. 1982 nahm das Institut seine Arbeit auf. Was gab den Ausschlag?

Ich hatte mich *zuerst* eingedacht, eingefühlt, eingewünscht, eingeträumt in „mein" Institut, *danach* mir auch die auf mich zukommenden Widerstände bewusst gemacht. Das war wichtig und ist mir wichtig geblieben: Wenn ich etwas will, was nicht leicht erreichbar ist, befasse ich mich anfangs nicht „realistisch" mit den Barrieren, sondern richte mich zuerst auf das Objekt meines Wunsches aus!

Den Ausschlag für die Institutsgründung gab das sich immer deutlicher herauskristallisierende Gefühl, dass eine solche Arbeit meiner bisherigen beruflichen Entwicklung, vor allem aber *mir selbst* entsprach. Sie passte zu mir. Darin konnte ich mir treu sein und immer mehr ich selbst werden. Ich wusste: So wollte ich fortan leben und arbeiten. Es gab keinen Tag, an dem ich die Entscheidung bereut hätte. Eine Entscheidung solcher Art ist eben nur möglich, wenn wir den Gedanken an das, was wir wollen, nicht mehr loslassen.

DIE MACHT DER GEDANKEN [7]

DIE BEDEUTUNG NEGATIVER UND POSITIVER GEDANKEN

Die wichtigste menschliche Dimension ist der *Geist*. Seine *unbewusste* Seite, den „unbewussten Geist"(Frankl) habe ich in der Beschreibung der Wertimagination im Anhang dargestellt. Sie könnte uns jedoch dazu verführen, die andere Seite in ihrer Bedeutung zu unterschätzen: Geist als Bewusstsein, als logisches Denken, als Entscheidung zum Handeln, als Wahrnehmung, als Erleben, als Erfühlen, als Vergegenwärtigung von Vergangenem, Gegenwärtigem und Zukünftigem, als Bewusstmachung meiner selbst nach innen und außen. Ich meine mit diesen unterschiedlichen Aspekten des bewussten Geistes die Welt der Gedanken. Was sie *bewirken*, hängt entscheidend davon ab, ob sie destruktiv oder konstruktiv, lebensverneinend oder lebensbejahend, sinnverweigernd oder sinnstiftend sind. Die folgende Geschichte sagt viel deutlicher, was ich meine:

Ein alter Indianer erzählte am abendlichen Lagerfeuer seinem Enkel: In mir tobt ein Kampf zwischen zwei Wölfen. Der eine Wolf ist gut, der andere böse. Der böse Wolf ist zornig, neidisch, gierig, arrogant, ablehnend, bemitleidet sich. Der gute Wolf ist voller Freude, Frieden, Liebe, Hoffnung, Bescheidenheit, Güte, Mitgefühl. Da fragte sein Enkel: Und welcher Wolf gewinnt den Kampf? Darauf der Indianer: Der, den ich füttere.

Gedanken sind Energien, Mächte, Kräfte, so oder so, ob störende/zerstörende oder lebensfördernde. Deshalb haben sie einen enormen Einfluss auf unsere Stimmungen, Empfindungen, Gefühle, auf unseren gesamten Organismus, auf unser Handeln. Die *dominierenden* Gedanken haben magnetische Eigenschaften, sie ziehen alle gleichen Dinge an. Und das bedeutet: Das, woran wir *am meisten* denken, worauf wir unsere größte Aufmerksamkeit richten, gestaltet primär unser Leben, besonders dann, wenn *innere Bilder* sie begleiten.

Es gibt *Leit-Gedanken*, die uns den Weg zu uns selbst bahnen. Und es gibt *Leid-Gedanken*, die uns immer tiefer in die Selbstentfremdung treiben. Vielleicht bestimmen uns bestimmte Gedanken bereits seit unserer Jugend, vielleicht erst seit kurzer Zeit. Es kann sein, dass andere Menschen sie uns eingepflanzt haben, es kann sein, dass sie Gewächse unserer eigenen Lebensphilosophie sind. So oder so – es ist wichtig, beide Gedankenarten zu kennen, insbesondere die Leid-Gedanken, weil sie uns führen, wohin wir nicht wollen. Richten wir uns auf das aus, was *wir selbst* nicht wollen, zum Beispiel auf Krankheit, Unzufriedenheit, Minderwertigkeitsgefühle, Groll, Wut oder Angst, wird aller Voraussicht nach das eintreten, was wir nicht gewollt haben. Einige Beispiele für Leid-Gedanken, die Ihnen vielleicht nicht gänzlich unbekannt sind:

Wenn ich ein anderes Elternhaus gehabt hätte ...

Wenn ich die Schule nicht geschmissen hätte ...

Wenn ich einen anderen Mann/eine andere Frau geheiratet hätte ...

Ohne ihn/sie kann ich nicht leben ...

Ich kann ja doch nichts ...

Ich bin ein Versager ...

Das werde ich nicht überleben ...

Das brauche ich unbedingt ...

Geld müsste man haben ...

Das Leben lohnt sich nicht ...

Menschen kann man nicht trauen ...

Bloß nicht alt werden ...

Spüren Sie, in welche Richtung diese Sätze Ihre Gefühle *treiben*? Sätze solcher Art treiben einen Menschen im Lauf der Zeit dorthin, wohin er nicht will:

in Selbstablehnung, Selbstentfremdung und Mutlosigkeit. Und sie verstärken seine Neigung, *andere* für die eigenen Mängel verantwortlich zu machen, was ihn nicht sympathischer macht. Sätze solcher Art sind eine Dauersuggestion und sie verfehlen im Laufe der Zeit ihre negative Wirkung nicht. Denn jede Idee hat die Tendenz, sich zu verwirklichen.

Richten wir dagegen unsere Gedanken auf das, was uns *wertvoll* erscheint – es geht nicht um Irrationales! –, wird sich das Erhoffte eher einstellen. Einige Beispiele dieser Art:

Ich bin ich!

Ich bin mein bester Freund!

Ich liebe das Leben.

Ich kann das.

„Das" wird mir ein Vergnügen sein!

Wenn nicht jetzt, wann denn?

„Das" wird schon gut gehen.

Dieses Mal werde ich „es" schaffen.

Packen wir's an!

Davon geht die Welt nicht unter.

Spüren Sie, in welche Richtung diese Sätze Ihre Gefühle *ziehen*? Unsere Sprache ist gespickt mit Sätzen, die unsere Seele aufhellen oder verdunkeln. Und wenn sie zur Sprache kommen, verdichten sich diese oder jene Kräfte. Denn Sprache ist Ausdruck unserer Beziehung zu uns selbst und zum Leben insgesamt.

Es lohnt sich, die Mutlosigkeit und Lebensfreude bewirkenden Sätze aufzuschreiben. Wer das tut, wird sie bewusster wahrnehmen und sich von den negativen Gedanken weniger sabotieren lassen.

Welche Macht Gedanken haben, erfuhr kürzlich eine junge Frau, als sie in einer Wertimagination – jener bewusste Weg in die unbewusste Welt – nach dem stärksten Stress in ihrem Leben und dessen Folgen fragte. Das Ergebnis war für sie in jeder Weise verblüffend:

Nach einer kurzen Entspannung lässt sie den Inneren Wahrheitsfinder (die Gestalt gewordene innere Stimme) kommen. Er führt sie in die Küche ihrer Großmutter, bei der sie sich oft aufhielt. Die Klientin sieht sich als ca. 4-jähriges Mädchen. Sie sitzt am Küchentisch und malt ein Haus. Da schaut ihr die Großmutter über die Schulter und sagt: *„Wieso machst du das nicht schöner?"* Das Kind schaut sie mit großen Augen fragend an, aber die Frau geht weg.

Kurz darauf sitzt das Kind wieder in der Küche. Die Großmutter rollt Teig für Kekse. Die Kleine schaut ihr eine Weile zu. Dann nimmt sie ein Stück Teig in die Hand, weil sie selber Kekse formen möchte. Sogleich klopft die Großmutter ihr auf die Finger und sagt: *„Lass das! Du kannst das nicht! Du bist zu ungeschickt."* Sie sieht dabei sehr streng aus. Das Mädchen ist irritiert, versucht es aber noch einmal. Da wiederholt die Großmutter ihre Sätze mit noch lauterem Ton. Das Kind weint und ist verzweifelt.

Nun lässt die Imaginandin ihre Verbündete kommen (die Gestalt gewordene Lebensbejahung), die das Mädchen in den Arm nimmt. Beide setzen sich an den Tisch, und die Kleine malt weiter an ihrem Haus. Sie schaut die Verbündete immer wieder an, und diese ermutigt sie immer wieder. Inzwischen malt sie eine Sonne, Blumen und einen Baum und ist darüber beglückt. Ihr Lachen kommt zurück. In weiteren Bildern sieht sie verschiedene Szenen ihrer Kindheit, in denen sie entmutigt wird, weint und verzweifelt wirkt.

Nach dieser Wertimagination, die sie stark berührte, schreibt mir die Imaginandin: „Ich hatte schon immer viele Bilder im Kopf. Ich habe oft zu malen oder zu basteln begonnen, aber ich kam immer wieder an den Punkt, an dem es nicht weiterging: *Es geht nicht. Ich kann das nicht. Ist nicht gut genug.* Das zieht sich bis heute durch mein Leben. Ich habe auch nie Kekse gebacken, obwohl ich sie so gern esse. Stattdessen habe ich Geschichten geschrieben. So haben zumindest phasenweise meine Bilder und Impulse sich in Worten wiedergefunden. Aber ab jetzt sollen es ganz viele Bilder werden. Große und kleine. *Es geht. Ich kann das. Ich bin gut genug.*"

Negative Gedanken verursachen nicht nur negative Gefühle, sondern auch unerwünschte *körperliche* Reaktionen. Viele aufschlussreiche Beispiele dafür schildert Werner Bartens in seinem Buch „Körperglück".[8] Ein persönliches Beispiel, das mir später half, auf meine Neigung, mich einer diffusen körperlichen Störung intensiv zuzuwenden, nicht gleich hereinzufallen:

Als ich ein ca. 12-jähriger Fahrschüler war, passierte mein Bus regelmäßig ein Krankenhaus. Da ich häufig von Blinddarmentzündungen gehört hatte, fürchtete ich, auch ich müsste irgendwann daran operiert werden. Immer dann – das „passierte" über einen längeren Zeitraum –, wenn sich der Bus dem Krankenhaus näherte, schmerzte mein Blinddarm. Befand sich der Bus wieder außer Reichweite des gefürchteten Hauses, verschwand der Schmerz.

Weil es keine wirkliche Trennlinie zwischen Unbewusstem und Bewusstem, zwischen Geist, Leib und Seele gibt, sind unsere Gedanken in erheblichem Maße mitbestimmend in allem, was wir fühlen, erleben und tun. Das gilt für die Gesundheit und die Krankheit, im Alltag ebenso wie in Sternstunden. Sag mir, was du denkst, und ich ahne, wie es dir geht. Wie aber erfahre und verwirkliche ich die Gedanken, die mir guttun?

ERSTE SCHRITTE ZUR ERFAHRUNG UND VERWIRKLICHUNG STARKER GEDANKEN
„Menschen sind stark", sagte Sigmund Freud einmal, „solange sie eine starke Idee vertreten; sie werden ohnmächtig, wenn sie sich ihr widersetzen."[9]

Und wenn man keine starken Ideen hat? Wenn einem die starken Ideen abhanden gekommen sind? Wenn das tägliche Leben einem die Ideen ausgetrieben hat? Wenn man noch nie so richtig starke Ideen gefunden hat? Wenn man überhaupt dazu neigt, negative Ideen zu denken, zum Beispiel: Ich bin ja nichts. Ich bin nichts wert. Diesem Druck bin ich nicht gewachsen. Das halte ich nicht mehr aus. Ich bin für dieses Leben nicht stark genug. Das alles macht doch keinen Sinn. Ich wollt', ich wär' tot?

Wenn uns solche oder ähnliche Gedanken bestimmen, wenn sich negative Gedankenmuster bei uns eingenistet haben und in unschöner Regelmäßigkeit anlässlich bestimmter Situationen ihre trübe Arbeit aufnehmen, dann muss man *zuerst* begreifen, dass sie sich auf den *ganzen* Menschen auswirken. Das zeigt auch die Neurologie in wünschenswerter Klarheit: Dass negative, deprimierende, belastende, angstauslösende, zwanghafte Gedanken die Hirnregionen stärken, die ihrerseits Vorgänge dieser Art steuern, was zur Folge hat, dass die dunklen Gedanken intensiviert werden. Glücklicherweise gilt auch das Umgekehrte: Andere Hirnregionen, die für lebensbejahende Gedanken und Denkmuster zuständig sind, werden dadurch gestärkt, dass wir uns auf sie ausrichten.

Anders denken, „positiv" denken, aber wie?

Aljoscha A. Schwarz und Ronald P. Schweppe haben in ihrer „Philosophischen Hausapotheke" weiterführende Fragen gestellt, die meines Erachtens einen *weiteren* Schritt darstellen:

- Warum nehme ich manche Dinge so schwer, die andere Menschen viel leichter nehmen, die man also scheinbar nicht unbedingt schwer nehmen muss?
- Ist es möglich, auf eine belastende Situation in einer vollkommen neuen Art und Weise zu reagieren – und was müsste ich dazu verändern?
- Liegt die Ursache für Zustände wie Angst, Neid, Traurigkeit, Einsamkeit oder Wut außerhalb oder innerhalb meiner selbst?
- Ist ein negativer Aspekt, den ich an mir zu entdecken glaube, wirklich oder eingebildet?
- Können scheinbar negative Gefühle wie Angst, Hass, Eifersucht oder Neid auch etwas Positives für mich bewirken?[10]

Fragen dieser Art sind wichtig. Sie können ein erster Schritt zu einer *Metanoia*, einer *grundlegenden Sinnesänderung unseres Denkens* sein. Ich rede nicht einer positivistischen Lebenshaltung das Wort. Es geht nicht darum, alles und jedes „toll" oder „super" zu finden, vielmehr darum, im Geröll der Mine das Gold zu finden. Es ist leicht, dem Leben, wie es sich uns zeigt, die kalte Schulter zu zeigen, schwieriger und herausfordernder, aber vor allem menschlicher wäre das kühne Unternehmen, eine grundlegend bejahende Haltung zu entwickeln. Und das ist möglich. Aber wie?

Stellen Sie sich vor, wir würden ernsthaft verstehen, erfassen, begreifen, dass das, was wir empfinden und fühlen, dass unsere Emotionen nicht primär von den Ereignissen bestimmt werden, sondern eher von dem, was wir über die Ereignisse *denken*. „Selbst wenn wir den Eindruck haben mögen", sagt der amerikanische Verhaltenstherapeut Lazarus, „dass unsere Gefühlsreaktionen reflexhaft ablaufen, sind sie doch in Wahrheit Resultat eines Zusammenspiels zwischen dem äußeren Ereignis und unserer *Deutung*. Diese Deutung ist das Bindeglied, das in unserer Vorstellung und unserem Erleben einen direkten Zusammenhang zwischen Ereignissen und Emotionen herstellt."[11] Ähnliches sagt der griechische Philosoph Epiktet: „Nicht die

Dinge selbst beunruhigen die Menschen, sondern die Vorstellungen von den Dingen."

Empfinden Sie die Befreiung, die von diesen Sätzen ausgeht? Was immer Sie an Schwerem erlebt haben – die Ereignisse selbst sind nicht primär lebensbestimmend, sondern die Art, wie wir darüber denken. Selbstverständlich braucht ein Mensch, der Schweres erlebt hat, Zeit, um sich mit dem, was war, auseinandersetzen zu können. Aber er kann die Hoffnung entwickeln, dass er im Laufe der Zeit eine veränderte Einstellung zu dem finden kann, was sein Dasein beschwert hat.

Wie aber deute ich das, was sich in meinem Leben ereignet, „richtig"? Woher weiß ich, welche Gedanken mir zuträglich sind und welche nicht? Wie führe ich mein Leben so, dass ich die Ziele, die mir entsprechen, erreiche? Um darauf gute Antworten zu finden, sollte ich vor allem wissen, wer ich bin und wie ich werden könnte?

DIE GUNST DER SELBSTERKENNTNIS

Selbsterkenntnis, hat C. G. Jung einmal gesagt, sei ein Abenteuer, das in unerwartete Weiten und Tiefen führe. Mag sein, dass das der Grund dafür ist, dass noch immer viele Menschen großen Respekt vor der Begegnung mit sich selbst haben. Auch ich habe lange gebraucht, um zu begreifen, dass diese Frage nicht nur die aufregendste, sondern auch eine der wichtigsten Fragen überhaupt ist. Warum ist das so?

Weil von ihrer Beantwortung entscheidend abhängt, wie ich mich selbst verstehe und fühle, welche Ziele ich mir aussuche, welchen Sinn ich finde. Denn nur dann, wenn mir mehr als bisher Lichter in der Seele aufgegangen sind und also weniger Seelenland im Dunklen liegt, kann ich ein *mir selbst entsprechendes Leben* führen.

Sinn wird nicht gemacht, sondern gefunden „angesichts der Forderung der Stunde, die an mich ergeht", so Frankl. Wie aber sollte ich diese Forderung verstehen, wenn ich mich nicht hinreichend kenne?

Wenn meine Klienten mit mir über ihr Leben sprechen, höre ich eine Frage immer wieder. Sie wird selten am Beginn des Gesprächs gestellt und sie kommt nicht einfach über die Lippen. Sie wird auch nicht laut ausgesprochen. Und oft ist es, als erwarte man darauf keine wirkliche Antwort. Welche Frage ich meine? Wer bin ich *eigentlich*? Eigentlich. Das heißt: Was von dem, was mich an Leib, Seele und Geist ausmacht, ist mir zu eigen, gehört wirklich zu mir – zu mir persönlich? Was von alledem bin *ich selbst*?

Wer so fragt, geht davon aus, dass es manches gibt, was ihn davon abhält, er selbst zu sein. Dass an ihm und in ihm viel Fremdes ist. Dass er vieles denkt, fühlt, tut, lebt, was nicht zu ihm passt, ihm nicht entspricht, ihn fremd bestimmt. Dass er in Vielem nicht er selbst, nicht mit sich identisch ist. Dass er in Vielem nicht seinem Wesen, seiner Originalität entspricht, dem also, was er mehr als bisher sein könnte.

Will ich überhaupt wissen, wer ich bin? Etwa, ob in mir Begabungen schlummern, die ich erahnt, um die ich mich jedoch nie gekümmert habe. Oder: Ob ich liebenswerter bin als ich denke? Oder: Ob ich standhafter bin als ich weiß? Oder auch: Kann es sein, dass meine Triebwelt mir Abgründe zeigen könnte, in die ich keineswegs hineinsehen will?

Oder: Dass ich Angst habe, ich könnte „schon wieder" mit einer alten Schuld konfrontiert werden. Oder: Dass in mir eine tief verborgene Sehnsucht ist, vor deren Verwirklichung ich Angst habe und die mich trotzdem anzieht?

Mir geht Sigmund Freuds Satz nicht aus dem Sinn, das Ich sei nicht Herr im eigenen Haus. Nehme ich das Bild als Symbol für den *ganzen* Menschen, dann kommen mir Fragen:

Was herrscht in mir? Was beherrscht mich?

Was füllt mich aus? Was ist die Mitte meines inneren „Hauses"?

Ist das, was in mir vorherrscht, eher dunkel oder eher hell?

Ist es mehr Freude oder mehr Schmerz?

Ist es mehr Hoffnung oder mehr Bitterkeit?

Ist es mehr Freiheit oder mehr Abhängigkeit?

Ist das, was in mir vorgeht, eher auf die Vergangenheit, die Gegenwart oder die Zukunft ausgerichtet?

Also: Was herrscht in mir vor allem?

Ist es der Wunsch, Vollkommenes zu erreichen oder Ungeduld?

Ist es Liebe zu anderen oder aufgeblasener Stolz?

Wahrhaftigkeit oder Unklarheit?

Authentizität oder innere Heimatlosigkeit? Engagement oder Distanziertheit? Mut oder Angst? Füllt mich Freude am Dasein aus oder beherrscht mich Maßlosigkeit? Füllt Güte mich aus oder die Neigung, andere zu beherrschen? Sage ich Ja zur Verantwortlichkeit oder bin ich heilfroh, wenn „die Welt" mich in Ruhe lässt? Wir kommen auf diese Fragen später zurück.

Wahrscheinlich haben wir alle die genannten und noch ganz andere Seiten in uns. Doch welche *beherrschen* oder füllen mich vor allem aus? Es ist wichtig, sie nicht nur zu registrieren, sondern sie auch wahrzunehmen, zu erfühlen und Stellung zu ihnen zu beziehen. Warum? Weil wir so Beziehung zu uns selbst aufnehmen. Wozu? Um uns selbst näherzukommen.

Warum ist es wichtig, sich auch die eigenen Schwächen anzusehen? Ich kann Sie mit einer Erfahrung locken, weshalb es sich lohnt, vor den finsteren Seiten nicht die Augen zu verschließen. Die *Kenntnis und Anerkenntnis* meiner Schwächen, Probleme, Schwierigkeiten, Abgründe ist die Bedingung der Möglichkeit, Zugang zu meinen Stärken, Vorzügen,

Liebenswürdigkeiten, meiner inneren Größe zu finden. Denn solange mich meine Untiefen emotional in Beschlag nehmen, behindern sie meinen Blick auf das, was ich *auch* bin, was *auch* an mir wertvoll ist, was mir Grund gibt, mich zu akzeptieren, mir selbst ein Freund zu sein.

Auch mit einer anderen Erfahrung, die mich nach jahrzehntelanger Arbeit noch immer in Staunen versetzt, möchte ich Sie locken. Rainer Maria Rilke hat sie mit den berühmten Sätzen zum Ausdruck gebracht: „Vielleicht sind alle Drachen meines Lebens Prinzessinnen, die nur darauf warten, uns einmal schön und mutig zu sehen. Vielleicht ist alles Schreckliche im Grunde das Hilflose, das von uns Hilfe will."

Darf man sich auch akzeptieren, wenn man mit seinen „Drachen" trotz aller Bemühungen nicht „fertig" wird? Man darf! Warum? Weil der Mensch, also Sie und ich, mit sich im Widerspruch bleiben wird, solange er lebt. Das ist sein Schicksal. Doch entscheidend ist das nicht! Es kommt vielmehr darauf an, was wir primär in uns zulassen: das lebensverneinende oder das lebensbejahende, das sinnverweigernde oder das sinnstiftende. Es kommt darauf an, ob wir bereit sind, trotz allem, was nicht zu unseren sympathischen Seiten gehört, uns selbst gegenüber – gütig zu sein. Güte? Sie ist ein Existenzial, ein zu jedem Menschen gehörender Wert, der darauf wartet, leben zu dürfen.

Wenn es eine Gunst ist, sich selbst zu erkennen –, *wie* gelange ich denn zu der Erkenntnis, wer ich hier und heute bin?

WIE ERFAHRE ICH, WER ICH HIER UND HEUTE BIN?

WAS KANN ICH NOCH IMMER NICHT LOSLASSEN?

Das ist, wie es scheint, seltsam: Da kommen zum Beispiel Menschen in unsere Praxis und erzählen uns von ihrem gegenwärtigen Leben: Die Gattin sei toll, die Kinder richtig gut geraten, einen anderen Beruf könne man sich nicht vorstellen etc. Und? Wenn da nur nicht diese Unzufriedenheit wäre, die sich in unregelmäßigen Abständen einstelle ... Sollten Ihnen diese Sätze nicht unbekannt vorkommen, könnten die folgenden Fragen weiterhelfen:

Was habe ich, wenn ich an die *Vergangenheit* denke, noch immer nicht verkraftet? Will ich mich wirklich von dem verabschieden, was war? Kann es sein, dass ich noch immer Groll oder Hass gegen jemanden in mir trage und diese Gefühle für mich eine gewisse Genugtuung sind? Will ich „die anderen" tatsächlich aus ihrer Verantwortung für mich entlassen?

Bitte vergessen Sie nicht: Die Ereignisse von damals sind zwar „Schnee von gestern", nicht aber die damals entstandenen Gefühle. Und die wirken in uns weiter, bis wir uns endgültig mit ihnen auseinandergesetzt haben.[12]

Und dann, was nicht weniger wichtig ist als die Beschäftigung mit dem Schweren: Was von der Vergangenheit wirkt noch immer nach, was gut, wert- und sinnvoll war, was mir Vergnügen bereitete? Welche Menschen mochten mich und gaben mir das Gefühl, wert zu sein? An wen denke ich besonders gern? Welche beglückenden Ereignisse vergesse ich nie? Gab es eine Sternstunde – oder auch drei?

Gerne denke ich an einen Abend mit einer Gruppe älterer Damen zurück. Ich hatte angeregt, sich an gute, heitere Erfahrungen ihres Lebens zu erinnern. Nachdem sie sich einige Minuten in der Stille besonnen hatten, sprudelten die Erinnerungen. Und nicht wenigen Erzählerinnen ging auf, dass ihre Kindheit und Jugendzeit gar nicht so dunkel gewesen war, wie sie gedacht hatten.

AUS WELCHEM FAMILIENSTROM KOMME ICH?

Ob wir es wollen oder nicht, ob wir es wahrhaben wollen oder nicht – wir befinden uns im Strom unserer *Familiengeschichte*, und es ist spannend (und wichtig) zu erfahren, welche Ereignisse, Erlebnisse, welche Gefühlskräfte und welche Personen aus der Tiefe der Vergangenheit auf uns Ein-Fluss genommen haben könnten. Wir könnten dann selbst entscheiden, ob wir dieses „Erbe" weiterleben wollen oder nicht. Ich erinnere mich an einen Mann, dem aufging, dass der Strom seiner Familie von einem viel zu starken Karrieredenken bestimmt war. Nicht nur er, sondern auch sein Bruder erkrankte schwer. Er beschloss, *diesen* Strom zu verlassen.

ICH BIN NICHT NUR EIN INDIVIDUUM[13]

Dass wir der Gattung Mensch angehören, bezweifelt bekanntlich niemand. Dass jeder Mensch einzigartig ist, bejahen wir gerne. Doch dass wir auch einem Typus zugehörig sein sollen – Sie können statt Typus auch Struktur oder Charakter sagen –, finden viele wenig attraktiv und daher zweifelhaft. Dabei haben Forscher seit der Antike bis heute immer wieder versucht, die vielfältigen Verhaltensweisen der Menschen in überschaubare Grundstrukturen zusammenzufassen. Keineswegs, um sie „abzustempeln" und in Schubfächer zu stecken, sondern um ihnen angemessener behilflich sein zu können – körperlich, seelisch und geistig.

Ich denke zum Beispiel an Hippokrates (gest. 377 v. Chr.), der von vier Temperamenten sprach. Die Wesensmerkmale (sanguinisch, melancholisch, cholerisch, phlegmatisch) führte er auf verschiedene „Körpersäfte" (Blut, schwarze Galle, Galle, Schleim) zurück. Ich denke an die bekannten Typologien von Ernst Kretschmer, Carl Gustav Jung, Karen Horney, vor allem an die Typologie des Psychoanalytikers Fritz Riemann, der von vier menschlichen Grundängsten ausgeht (Angst vor Nähe, Distanz, Veränderung und Beständigkeit), aus denen er vier Grundtypen ableitet: den schizoiden, depressiven, zwanghaften und hysterischen. Alle Modelle dieser Art gehen davon aus, dass alle Menschen zwar unterschiedlich sind, es jedoch viele gibt, die sich in auffallender Weise ähneln. Wer sich mit Typologien befasst, sollte sich zweierlei bewusst machen: Zum einen, dass ein Mensch immer mehr ist als sein Typus, nämlich ein Individuum. Zum anderen, dass der Typus erste wichtige Hinweise auf die Frage gibt, wer er ist.

Besonders hilfreich erscheint mir die Typenlehre des „Enneagramms". Sie ist, wie jemand sagte, ein Glücksfall für die Psychologie, weil es in erstaunlicher Klarheit zeigt, dass und wie Menschen unterschiedlicher „Typen" unterschiedlich *denken, empfinden, fühlen und handeln*. Das bedeutet: Wenn ich weiß, welchem Typus ich angehöre, kann ich mir dessen bewusst werden, welche Gedanken und Gefühle – positiv oder negativ – ich mit vielen anderen gemeinsam habe, welche meine *ureigenen* sind und wer ich persönlich werden könnte. Wir könnten auch viel differenzierter, verständnisvoller, freier, auch nüchterner mit uns und anderen umgehen, hätten wir Einblick in diese Schatzgrube der Menschenkenntnis.

Darüber hinaus zeigt sich in erstaunlicher Klarheit, dass mit jedem Typus eine spezifische *Sinnproblematik* und – als Gegenpol – ein bestimmtes Potenzial, eine spezifische *Wertmöglichkeit*, verbunden ist. (In allem, was ist, ist keimhaft das Gegenteil enthalten.) Je deutlicher die *Sinnproblematik* erkannt, erfühlt und durchlitten wird, je klarer sich ein Mensch auf die mit seinem Typus verbundene *Wertmöglichkeit* ausrichtet, desto leichter nähert er sich *seinem Wesen, seiner Identität, sich selbst* an.

Die Stärken und Schwächen, die ich jetzt darstellen werde, beziehen sich auf keinen realen Menschen. Sie beschreiben lediglich die negativen und positiven *Möglichkeiten*.

Der erste Typus, der *Reformer*, der Perfektionist, will hoch hinaus. Mit dem, was ist, gibt er sich so rasch nicht zufrieden. Nichts mag er weniger als „halbe Sachen".

Verändern will er sich, verändern will er auch die Welt. Und vieles, was er beginnt, führt er in der Tat zu einem guten Ende. Die Kehrseite?

Die Folge dieser heroischen Selbst- und Weltsicht: Er ärgert sich, regt sich auf, wird aggressiv (oft nicht ohne eine geheime Lust). Geduld ist (zunächst) seine Stärke nicht. Dann leidet er an sich selbst und lässt andere leiden.

Doch ist ihm aufgegangen, dass diese Welt nicht das Paradies, aber auch nicht die Hölle ist, öffnen sich ihm die Tore zu den starken Energien, die ihm in besonderer Weise zur Verfügung stehen.

Sinnproblematik: Ungeduld/Aggressivität.
Weiterführender Wert: Geduld/Gelassenheit.

Der zweite Typus, der *Helfer*, liebt die Liebe, das Dasein für andere. Darin ist er groß. Er hat auch die besondere Gabe, in anderen das zu entbinden, was sie selbst noch nicht in sich entdeckt haben. Für andere da zu sein, das ist sein Sinn. Die Kehrseite?

Er verschenkt (verschleudert?) seine Kraft und verliert dabei manchmal sich *selbst*. Dann brennt er aus. Dann bleibt von seiner Liebe nicht viel übrig. Dann lehnt er zunächst auch die Hilfe anderer ab. Dann zeigt sich ein seltsamer Stolz, eine gewisse moralische Überheblichkeit.

Doch wenn er sich selbst erkennt, sich selbst anzunehmen, ja zu lieben lernt und sich eingesteht, dass auch er einmal Zuwendung braucht, wird nicht nur das Herz der anderen warm.

Sinnproblematik: Moralische Überheblichkeit.

Weiterführender Wert: Selbstliebe.

Der dritte Typus, der *Erfolgsmensch*, ist eine Frau, ein Mann der Tat! Er „macht was aus sich" und mit den Aufgaben, die er vorfindet. Er kann begeistern, sich und andere, ist pragmatisch, kompetent, lösungsorientiert. Es fällt schwer, sich seiner jugendlichen Ausstrahlung zu entziehen. Er selbst genießt es, bewundert zu werden. Die Kehrseite? Manchmal geht es ihm nicht primär darum, wodurch er, sondern *dass* er Erfolg hat. Dafür ist er in der Wahl seiner Mittel nicht kleinlich und entwickelt unter Umständen ein charmantes Verhältnis zur Wahrheit. Das heißt? Er interpretiert manches, was ihm nicht gelingt, zu seinen Gunsten. Doch wenn er sich zu sich selbst bekennt, ist und wirkt er klar wie quellfrisches Wasser.

Sinnproblematik: Mehr Schein als Sein.
Weiterführender Wert: Wahrhaftigkeit.

Der vierte Typus, der *Romantiker*, ein feinsinniger, empfindsamer, kreativer und künstlerischer Mensch, legt viel Wert auf seine Besonderheit. Wie alle anderen sein, denken, fühlen und handeln – das mag er nicht. Seine Symbolisierungen und Rituale erinnern uns daran, dass Leben seine Wurzeln nicht im Vordergründigen hat.

Sein ästhetisches Empfinden mahnt an die Bedeutung von Kultur in einer Zeit zunehmender Profanisierung. Seine Sehnsucht nach Harmonie und Ganzheit hält in uns die Erinnerung wach, dass das Leben nicht so bleiben muss, wie es ist. Die Kehrseite?

Die Welt ist ihm manchmal zu profan. Zugleich aber sehnt er sich nach den „Wonnen der Gewöhnlichkeit". Dann packt ihn eine seltsame Melancholie, die ihm das Gefühl der Fremdheit im eigenen Leben vermittelt.

Doch wenn er seinen Platz im Leben gefunden hat – und er findet ihn nur, wenn er seine Authentizität findet –, wird auch die „gewöhnliche" Welt für ihn der Ort, an dem seine unruhige Seele Ruhe findet.

Sinnproblematik: Gefühl der Heimatlosigkeit.
Weiterführender Wert: Echtheit.

Der fünfte Typus, der *Beobachter*, ist ein klar denkender, analytischer Mensch. Ein Forscher. Scharfsinnig durchdenkt er Menschliches, Technisches, Vergangenes, Kommendes und auch das, was die Gegenwart bietet. Weil er viel fragt, weiß er viel. Weil ihn vieles interessiert, erfindet er viel. Weil er neugierig ist, ist er offen für alles Neue. Ohne seine Klugheit, seine Weisheit, wäre unser Leben nicht möglich. Die Kehrseite?

Er braucht (zunächst) viel Abstand von dem, was ihm lebendig erscheint. Er überdenkt das Leben, statt sich darauf einzulassen. Er bricht die Brücken ab, wenn andere ihm zu nahekommen. Dann legt sich ihm Glas ums Herz – und er wird einsam. Denn wer sich nicht dem Leben aussetzt, den setzt das Leben aus.

Doch wenn er seine Einsamkeit, seine innere Leere, tief genug spürt, sucht er jene Brücke auf, die ihn hinüberführt in den Garten der Menschen.
Sinnproblematik: Innere Leere.
Weiterführender Wert: Offenheit dem Leben gegenüber.

...te Typus, der *Loyale*, ist ein Gemein-
...nsch. Er fällt durch seine liebenswürdi-
...e Ausstrahlung auf. Er ist für andere da,
ohne für seine Offenheit etwas zu erwarten.
Ohne ihn wäre soziales Leben kaum denkbar. Die
Kehrseite?

Er erweckt (zunächst) den Eindruck, als brauche
er andere Menschen mehr als sich selbst. Er vertraut, weil er sich zu wenig kennt, sich *nicht* und
sucht deshalb außerhalb seiner selbst Halt. Und
das macht *Angst*.

Doch wenn er zu spüren beginnt, dass er „mehr" ist
als einer unter anderen, richtet er sich auf und geht
seinen *eigenen* Weg.

Sinnproblematik: Angst, er selbst zu sein.

Weiterführender Wert: Mut fassen zu sich selbst.

Der siebte Typus, der *Glückssucher*, sucht und liebt
die *helle* Vielfalt des Lebens. Er ist ein Sonnensu-
cher. Er sucht die Lust, die Freude, das Glück und
findet es oft. In seiner Gegenwart fühlen sich viele
wohl. Die Kehrseite?

Das Sonnenhafte findet er „fantastisch", das
Dunkle aber, das bekanntlich nicht weniger zum
Leben gehört, leugnet er, so gut er kann – in sich

und außerhalb seiner selbst. Oder: Wenn die Niederungen des Daseins wenig Glücksgründe herzugeben scheinen, schwingt er sich auf und sucht sie (zunächst) in den Wolken. So halbiert er das Leben.

Doch wenn er zu begreifen beginnt, dass auch das Dunkle sein Leben ist und sich darin Sinn finden lässt, weitet sich sein Blick und auch seine Bereitschaft, das *ganze* Leben anzunehmen.

Sinnproblematik: Maßlosigkeit.

Weiterführender Wert: *(Nüchterne)* Heiterkeit.

Der achte Typus, der *Starke*, der Boss, ist tief in seiner eigenen Kraft verwurzelt und deshalb eine geborene Führungspersönlichkeit mit großer Klarheit. Er braucht Herausforderungen, um seine Kraft zu spüren. Diejenigen haben es gut in seiner Nähe, die ungewollt schwach sind. Die Kehrseite?

Leben ist für ihn (zunächst) Kampf. Er ist der Boss! Er will Leben kontrollieren. Wer sich ihm jedoch schwächlich unterwirft oder ohne Grund sich ihm gleichzustellen versucht, dem gegenüber kann er sehr aggressiv sein.

Doch wenn er zu dem Kostbarsten in ihm, dem verborgenen inneren Kind, Zugang findet, kommt seine tief in ihm verwurzelte Güte zum Vorschein. Dann ist es eine Freude, dieser starken und gütigen Führungspersönlichkeit zu begegnen.

Sinnproblematik: Machtlust.

Weiterführender Wert: Güte.

Der neunte Typus, der *Ursprüngliche*, ist der „der Stille im Lande" und wird deshalb in dem, was er kann, unterschätzt. Er ist ein Friedensstifter, denn er hat die Fähigkeit, sich in unterschiedlich denkende Menschen einzufühlen und so eine wohltuende Objektivität ihnen gegenüber zu entwickeln. Die Kehrseite?

Er fühlt sich (zunächst) in seiner eigenen, verborgenen Welt am wohlsten. Die äußere Welt ist ihm oft lästig und lenkt ihn von dem ab, was er in sich selbst erlebt. Das führt dazu, dass er seine Möglichkeiten nicht wirklich kennenlernt.

Doch geht er häufiger über die Schwelle zwischen beiden Welten, fühlt er sich mitverantwortlich für das, was geschieht, dann wird auch „die Welt da draußen" für ihn lebenswert.

Sinnproblematik: Antriebsschwäche.

Weiterführender Wert: Verantwortung.

WAS ICH IM SPIEGEL ERKENNE

Sie kennen das: Sie stehen im Bad vor dem Spiegel, schauen sich an und fragen sich: Wer ist das, der mich da ansieht? Das bin ich? Ja, das bin ich. Aber – *was* von mir sehe ich? Sehe ich nicht jeden Tag etwas anderes von mir?

Es kann sein, dass ich eine richtig gute Nachricht bekommen habe und meine Umgebung und mich anstrahle. Das bin ich auch, der Glückliche oder der sehr Zufriedene.

Ich begegne jemandem, der mich „von oben herab" anschaut, und bemerke, wie klein ich mich fühle, erbärmlich klein, und möchte am liebsten im Boden versinken. Das kann ich nicht leugnen: Auch das bin ich.

Da ist ein geselliger Abend. Irgendwie stehe ich im Mittelpunkt. Ich bin gelassen, heiter, freundlich zu allen anderen. Und vor dem Einschlafen zeigt sich mir ein gar nicht oft erfahrenes Gefühl: Ich mag mich.

Ich bin krank, ernsthaft krank. Angst beschleicht mich. Werde ich am Leben bleiben? Und wenn es ans Sterben geht? Die Angst nimmt zu. Wieder entdecke ich eine Seite an mir, die ich bislang nicht kannte.

Wer bin ich? Ich beginne zu verstehen, dass der Mensch nicht nur „ein Wesen auf der Suche nach

Sinn" (Frankl) ist, sondern auch – oder zuerst? –
auf der Suche nach sich selbst.

MEIN LEBEN EINEM ANDEREN ERZÄHLEN

Es kann eine Hilfe sein, einem befreundeten und/
oder vertrauenswürdigen Menschen, in einigen
Stunden – abschnittweise – sein Leben zu *erzählen*
(nicht zu berichten!). Wichtig wäre, wenn der Zu-
hörer Sie nicht unterbräche und nur am Ende eines
Abschnittes Ihnen seine Eindrücke oder Fragen
schilderte. Es ist bekannt, dass, wer einem anderen die Geschichte seines Lebens erzählt, durch die
zusammenhängende Erzählung einen Zusammenhang auch in sich selbst zu fühlen beginnt.

Als ich ein junger Mann war, saß ich viele Nächte
in der Hamburger Telefonseelsorge. Erst viel später
begriff ich, warum sich manche Gesprächspartner
auch dann herzlich bedankten, wenn ich ihnen
beim Erzählen ihrer Lebensgeschichte „nur" zuge-
hört hatte.

WOHLWOLLENDEN KRITIKERN SOLLTE ICH ZUHÖREN

Glücklicherweise gibt es immer wieder Menschen,
die uns wohlwollen, die die Bereitschaft haben,

uns zu sagen, was sie an uns liebenswert finden. Menschen, die uns nicht schmeicheln, sondern uns bewusst machen, was uns selbst nicht bewusst geworden ist. Was sie an uns entdecken, kann unser Leben verändern oder wenigstens gute Nahrung für unser Selbstbewusstsein sein.

Und wenn wir Glück haben, sagen diese Menschen uns auch, was sie an uns schwierig finden und wir verändern sollten. Auch solche Kritik, mit Kultur gesagt – also sachlich, versöhnlich, wohlwollend! – kann unser Leben verändern, vielleicht mehr noch als nur freundliche Worte.

Als ich Student war und eine korrigierte Seminararbeit von meinem Dozenten abholen wollte, sah er mich unwillig an und sagte zornig (?), jedenfalls unwillig und laut: „Wie stehen Sie denn da!? Sie haben …" Und dann nannte er die gar nicht so schlechte Note meiner Arbeit. Wie stand ich da? Frei von jedem Anflug an Selbstbewusstsein, gehemmt, verkrampft. Und weiter? Mich durchzog ein konstruktives Schamgefühl. Ich fühlte mich ertappt und dazu herausgefordert, mich mehr als bisher auf mich *selbst* zu besinnen.

ICH BIN EIN MENSCH, DER ...

Ich wäre so gern dabei, wenn Sie sich auf diese „Hausaufgabe" einließen: Sie enthält drei Schritte. Sie mag Ihnen zunächst künstlich erscheinen, doch trügt diese mögliche Annahme. Sie werden es sehen:

Bitten Sie einen vertrauten Menschen – Mentoren und Therapeuten eignen sich dafür auch –, mit Ihnen etwa eine Stunde Zeit zu verbringen. Schließen Sie die Augen, entspannen Sie sich und warten Sie darauf, dass Ihnen Gedanken, Einfälle, vielleicht auch Bilder zu dem Halbsatz kommen: *Ich bin ein Mensch, der ...* Lassen Sie sich dafür 10 Minuten Zeit. Ihr Vertrauter wird Ihre Äußerungen notieren und Sie Ihnen vorlesen. Was fällt Ihnen daran auf? Was drängt sich in den Vordergrund? Was scheint die Hauptsache zu sein? Dieser erste Schritt zeigt Ihnen – ein Stück weit jedenfalls –, wer Sie als *reale* Person sind.

Dann schließen Sie bitte wieder die Augen, entspannen Sie sich und lassen Gedanken, Einfälle oder Bilder zu dem Halbsatz kommen: *Im Grunde bin ich ein Mensch, der ...* Lassen Sie sich dafür auch

10 Minuten Zeit. Ihr Vertrauter wird Ihre Äußerungen notieren und Sie Ihnen vorlesen. Was fällt Ihnen daran auf? Was drängt sich in den Vordergrund? Was scheint die Hauptsache zu sein? Dieser zweite Schritt zeigt Ihnen – jedenfalls ein Stück weit –, wer sie als die „größere" Person sind, also Sie in ihren realen *Möglichkeiten*.

Dann kommt der dritte Schritt: die wertimaginative Begegnung mit Ihnen selbst als der „größeren" Person.

Schließen Sie bitte Ihre Augen und entspannen sich (vielleicht, wenn Sie mögen, etwa drei Minuten). *Warten* Sie dann darauf, dass sich Ihnen *ein* Meer zeigt. Stellen Sie es sich nicht vor, sondern warten Sie darauf, dass es sich Ihnen zeigt! Genießen Sie die klare Luft, die Wellen, den weiten Blick. Denn je mehr Sie am Beginn dieser kleinen Wertimagination ihre Sinne einsetzen und sich auf diese Weise von den äußeren Eindrücken zurückziehen, desto unmittelbarer werden Sie die Ihnen am Strand entgegenkommende *Gestalt* erkennen. Welche? Die, die *Sie im Grunde sind*.

Wie die Gestalt sein wird? Sie wird aussehen wie Sie, nur wahrscheinlich freier, gelöster, gut ge launt, stark, die personifizierte Zuversicht. Sollten Sie sich so sehen, dann reichen Sie sich beide Hände, sodass eine „Brücke" zwischen Ihnen hier und jetzt und der Person, die Sie sein könnten, entsteht.

Sollte sich Ihnen nichts zeigen, versuchen Sie es ein anderes Mal wieder. Wichtig ist nur, dass Sie sich nicht anstrengen, dem Denken (Was muss ich jetzt tun? Bilde ich mir „das" nur ein? etc.) Urlaub geben und sich der Gestalt, die Sie „eigentlich" sind, so gut wie möglich anvertrauen. Und öffnen Sie gleich die Augen, wenn sich Ihnen etwas zeigt, worauf Sie gern verzichten können.

DIE TRÄUME WISSEN VIEL VON MIR

Wir könnten unsere Selbsterfahrung erheblich bereichern, wenn wir unsere *Träume* als das nähmen, was sie sind: wertvolle Ergänzungen unseres Unbewussten zu dem, was unserem Bewusstsein verborgen geblieben ist.

Sie erinnern an vergangenes, sinnvolles Leben. Sie erinnern an vergangenes, aber unerledigtes Leben, an nicht überwundene Verletzungen ebenso wie an nicht ergriffene Möglichkeiten. Sie erhellen nicht nur Vergangenes, sondern werfen auch Lichter auf Kommendes. Sie zeigen die inneren Widerstände, die die Entwicklung eines sinnvollen Lebens stören. Sie zeigen die Möglichkeiten des Geistes, die noch nicht bewusst geworden sind, zum Beispiel der Freiheit, der Liebe, der Hoffnung, der Kreativität, der Religiosität. Sie vermitteln nicht nur persönliche, sondern auch allgemein-menschlich wichtige Einsichten und Erfahrungen der Menschheit, an denen jeder einzelne in der Tiefe seiner Seele Anteil hat. Sie sind nicht nur die Brücke zwischen dem Bewussten und dem Unbewusstem, sondern auch zwischen der Immanenz und der Transzendenz. Daher sind Träume manchmal auch „somnia a deo missa" (C. G. Jung), von Gott gesandte Träume. Man muss nicht alle Träume verstehen. Wir wären schon bereichert, wenn wir für den einen oder anderen Traum eine Überschrift suchten, weil so bereits Aspekte des Trauminhaltes deutlich werden könnten.

Wie kostbar Träume für das Verstehen der eigenen Person sind, wurde mir selbst in drei Träumen deutlich, die in kurzen Abständen einander folgten. Alle drei kreisten um das Thema Aggressivität/ Selbstaggressivität und deren Reduzierung:

Ich sitze in einem alten Gasthof an einem Tisch. Die Atmosphäre ist seltsam. Da sehe ich links von mir in einem größeren Abstand eine äußerst aggressive Gestalt, die mich unentwegt anstarrt. Sie hat Ähnlichkeit mit einer grünlich aussehenden Leiche und ist doch alles andere als tot. Ich erwache und ahne, dass etwas meine Seele in Beschlag genommen hat, das mein Leben massiv stört: eine mir bis dahin in dieser Dichte verborgen gebliebene Aggressivität.

Einige Zeit später befinde ich mich am selben Ort. Wieder sehe ich die Gestalt. Zwar ist sie in dieser Nacht weniger furchterregend, doch wirkt sie auch jetzt alles andere als harmlos. Auch im dritten Traum befinde ich mich in dem Ihnen bereits bekannten Gasthof. Wer sitzt mir gegenüber am Tisch? Mein Widersacher. Aber – und diese Traumerkenntnis bedeutete einen Meilenstein in meinem Leben – ich „wusste", dass ich stärker bin als er.

Was hatte mir die Gestalt gezeigt? Dass ich meiner Neigung, in schwierigen Situationen rasch die Geduld zu verlieren und mir selbst und meiner Umgebung gegenüber ungehalten zu werden, Herr geworden war.

DIE KRANKHEIT BRINGT „ES" AN DEN TAG

Es gibt Krankheiten, denen man mit einem Augenzwinkern begegnen kann. Sie sind nicht angenehm, aber auch nicht problematisch. Wenn dagegen ein Mensch ernsthaft und auf längere Zeit seelisch oder körperlich krank ist, leidet er. Er leidet, weil er Schmerzen und Ängste hat. Er leidet, weil sein Leben möglicherweise ganz anders verläuft als er wollte. Er leidet vielleicht auch deshalb, weil er spürt, dass er anderen zur Last fällt oder zu fallen scheint. Und weil er leidet, ist er – möglicherweise – offen sich selbst gegenüber wie sonst kaum.

Daher können Krankheiten bedeutsame Phasen im Leben eines Menschen sein, weil er sich, vielleicht zum ersten Mal, auf sich selbst besinnt, weil er neue Wegweiser auf seinem weiteren Weg findet und die Krankheit ihn zu Ideen, Entscheidungen und bisher nicht gekannten Kräften herausfordert.

Krankheiten betreffen bekanntlich den ganzen Menschen: den Geist, die Seele, den Körper, die Motivation zum Leben. Deshalb kommt es darauf an, welche *Einstellung* er ihr gegenüber entwickelt: Ob er von ihr nichts wissen will, ob sie für ihn ein

Zufallsprodukt ist oder ob er sich durch sie herausgefordert weiß, sich neuen Fragen zu stellen.

Besonders schwierig erscheint mir, wenn der Kranke zwar weiß, warum er eine Krankheit hat, nicht aber, *wozu* er sie hat. Wenn er keinen Sinn erkennen kann in dem, was ihm widerfährt. Wenn sich kalte Leere in ihm ausbreitet und er nicht mehr weiß, ob und was er fühlt. Wenn er plötzlich bemerkt, dass er sich von der Welt der anderen immer mehr entfernt. Wer keinen Sinn mehr sieht, versteht sich selbst nicht mehr, versteht den Lauf seines Lebens nicht mehr. Menschen können zwar vieles ertragen, aber nur dann, wenn sie wissen, wozu sie das Schwere tragen.

Nun ist bekannt, dass Krankheiten zum Leben gehören. Keiner bleibt davon verschont. Bedeutet das aber, dass Krankheit auch Sinn macht? Nein! Nicht die Krankheit selbst macht Sinn, sehr wohl aber die Auseinandersetzung mit ihr, die Gestaltung von ihr und, wenn möglich, ihre Überwindung. Sie macht Sinn, wenn wir uns nicht von ihr erdrücken lassen, sondern uns die Frage zumuten, *wozu* wir sie bekommen haben.

Denn viele körperliche und seelische Erkrankungen sind Symptome einer tiefer liegenden, in aller Regel unbewussten Störung. Sie sind Signale, dass Identität und Sinn einer wesentlichen Ergänzung bedürfen. Sie fordern dazu heraus, nach ihrem Ur-Sprung zu fragen und der ihnen entsprechenden Lösung. Eine fundamentale *Genesung* aber gelingt erst dann, wenn die *fundamentale* Störung und der Wille zur Gesundung fühlbar bewusst geworden sind. Die Suche danach verlangt allerdings die Bereitschaft, sich selbst gegenüber so wahrhaftig wie möglich zu sein.

Auch ich stand im August 2011 vor der Frage: Wozu habe ich die Krankheit (den Krebs) bekommen? Zunächst wollte ich die Diagnose nicht wahrhaben. Ungläubig sah ich auf den Bildschirm, auf dem sich ein seltsames, doch nicht zu mir (!) gehörendes waberndes Gebilde zeigte. Dann kam die nackte Angst und die wie von weither sich nähernde Frage: Wie lange noch? Dann der Aufstand: Das geht doch nicht: Meine Frau ist doch noch so jung!

Nicht lange danach die Erleichterung durch den Satz des Arztes: Es gibt Hilfen ... Eine seltsame Ruhe trat ein. Viele Nachtgespräche mit meiner

Frau. Hilfreiche Literatur, vor allem theologische. Dann war sie da, die Frage: Wozu habe *ich* den Krebs bekommen? Wer bin ich? Was an mir habe ich übersehen? Habe ich zu viel gearbeitet? Sicher. War zu viel Stress in meinem Leben? Sicher. Habe ich Menschen enttäuscht? Sicher. Diese Fragen kamen rasch, die Antworten auch.

Gab es noch anderes, vielleicht Verdecktes, was ich mir nicht eingestehen mochte? Die Antwort darauf kam nicht so rasch. Dann doch: Trotz meines günstig verlaufenen Berufsweges hatte ich mich nicht genug gemocht, geschätzt, geliebt – und vielleicht, wahrscheinlich, ganz sicher auch nicht wirklich an die Güte Gottes mir gegenüber geglaubt.

Inzwischen bin ich sicher: Durch meine Erkrankung (mit der ich jetzt gut lebe), habe ich einen Selbsterfahrungskurs besondere Art erlebt. Was ich begriffen habe, hat mich bereichert wie kaum etwas anderes zuvor. Ich möchte die Zeit nicht missen. Ich habe mich mehr als bisher kennengelernt und gehe anders als bisher mit mir und anderen um.

Vielleicht kennen Sie Viktor Frankls Aussage, es gehe im Leben nicht nur um unsere Wünsche und

Bedürfnisse, sondern auch und im Besonderen um Aufgaben, auch um solche, die uns keineswegs genehm seien. „Leben hat Aufgabencharakter" – dieser Satz klingt hart und entspricht keineswegs modernem Denken. Er scheint eine Zumutung zu sein. Ist er das wirklich? Was mutet er uns denn zu? Er mutet uns zu, auch in ungewollten, schweren Zeiten nicht gleich die weiße Fahne zu hissen, sondern danach Ausschau zu halten, was sich aus dem, was auf uns zukommt, an Sinn herauslesen und -leben lässt. Denn es könnte ja sein, dass die Weisheit Gottes – oder wenn Ihnen das Wort zu groß oder zu fremd erscheint – dass die Weisheit unserer eigenen Seele von Notwendigkeiten weiß, die dem Bewusstsein noch nicht in den Sinn gekommen sind. Worum es da geht? Das herauszufinden ist eben die Aufgabe des kranken Menschen. In aller Regel geht es um sehr konkrete Dinge. Zum Beispiel darum,

- den Beruf nicht mehr Mittelpunkt des Lebens sein zu lassen
- sich mehr Zeit für sich, die Familie und Freunde zu nehmen
- sich die Frage zu stellen, wo in Wirklichkeit mein Platz im Leben ist

- sich zu fragen, worauf es letztlich im Leben ankomme
- ob es nicht an der Zeit ist, gelassener oder liebevoller oder wahrhaftiger oder authentischer oder mutiger oder nüchterner oder gütiger oder verantwortlicher zu werden.

Wenn nun ein kranker Mensch fragt, wozu er „das alles" erleiden müsse, ob sich das Leben noch lohne, wird er darauf wahrscheinlich nicht gleich eine Antwort finden. Lehnt er jedoch auf Dauer die durch die Krankheit entstandene Herausforderung ab, wird er irgendwann sagen, „das alles" mache keinen Sinn – und er wird sich selber fremder sein als je zuvor. Nimmt er sie an, wird er anders mit sich umgehen. Dann wird die Brücke zwischen seinem Bewusstsein und seinem Unbewussten breiter und daher zugänglicher werden. Dann wird er sich selbst näher sein als je zuvor.

Nein – wir leben nicht nur davon, dass unsere Wünsche in Erfüllung gehen, wohl aber davon, ob wir unsere Tage, so wie sie sind, frei und verantwortlich bejahen. Deshalb finde ich den Satz Nossrath Peseschkians so befreiend: „Gesund ist nicht derjenige, der keine Probleme hat, sondern derjenige, der in der Lage ist, mit ihnen fertig zu werden."

SELBSTERFAHRUNG DURCH WELTERFAHRUNG

Ein meiner Einschätzung nach in Vergessenheit geratener Weg zu uns selbst ist die Begegnung mit der Welt *außerhalb* unserer selbst. Einen solchen Weg beschreibt der Religionsphilosoph Romano Guardini so:

„Wir sehen ein Ding, empfinden seine Eigenart, seine Größe, seine Schönheit, seine Not – und sofort, wie ein lebendiges Echo, antwortet darauf etwas in uns selbst, wird wach, erhebt sich, entfaltet sich. Kann man doch den Menschen geradezu jenes Wesen nennen, das fähig ist, mit seinem inneren Sein auf die Dinge der Welt zu antworten und eben darin sich selbst zu verwirklichen. Je bedeutender der Mensch ist, desto stärker, reicher, tiefer, feiner seine Fähigkeit, zu begegnen, zu antworten und darin ‚zu sich selbst zu kommen' ... Wir haben gesehen, dass er das Ding nicht einfach so erfasst, wie es vor ihm steht, sondern aus seiner Erscheinung das *Wesen* herausschaut; ebenso tritt in der Begegnung auch sein *eigenes* Wesen hervor; etwas von dem, was er nicht bloß alltäglich, sondern zuinnerst ist. Das hat nichts mit Selbst-Bespiegelung zu tun – nicht notwendig, so viel Eitelkeit im Einzelnen mitsprechen mag – sondern ist genauso ein Erwachen des *Sinnkerns*, wie beim Ding, nur aber des eigenen. Darum wäre es auch falsch, hier von Subjektivismus zu reden – wiederum grundsätzlich gesehen, so viel unverbindliches Sich-Ausleben dabei sein mag – sondern es handelt sich um das, was der betreffende Mensch eigentlich, von Schöpfung und Berufung her, ist und also auch im Gang seiner Selbstverwirklichung werden soll."[14]

Ich lese diese Sätze für mich so:
Ich höre Musik. Ich höre mich in sie hinein. Sie zieht mich in ihren Bann. Ich vergesse, wo ich bin. Ein neues Gefühl kommt auf. Ein neuer Raum in meiner Seele öffnet sich. Ich staune.

Ich sehe in einer Galerie ein Bild und bleibe vor ihm stehen. Ich trete, ohne es zu bemerken, einen Schritt darauf zu. Mein Blick verbleibt bei einer Szene. Ich sinke in die Landschaft ein. Ich sinke auch tiefer in meine innere Landschaft ein. Etwas in mir verändert sich. Mein Atem vertieft sich. Mein Begleiter sieht mich erstaunt an, sagt lächelnd: „Du leuchtest ja."

Ich sehe einen Menschen. Er spricht mich an. Ich antworte ihm. Wir kommen ins Gespräch. Wir bleiben im Gespräch. Ich fühle mich wohl, er offenbar auch. Was eben war, was gleich sein wird – ich denke nicht daran. Ich bin hier, bin mit mir eins.

EIN INNERES ZWIEGESPRÄCH

Ein *Zwiegespräch*, also ein Gespräch mit mir selbst über die Frage, wer ich bin, könnte folgende Leitgedanken haben.

Was möchte ich in meinem Leben vor allem anderen?
Mir könnte dazu einfallen:
Karriere machen, bedeutend werden, viel Geld verdienen, meine Ruhe haben, gesund sein und bleiben, eine Familie haben, „echte" Freunde finden, mit Gott leben, frei und unabhängig von allem sein, viel Spaß haben.

Will ich wirklich, was ich möchte? Mir könnte dazu einfallen:
Hätte ich genügend Zeit außerhalb meiner Karriere? Würde ich mich nicht rasch daran gewöhnen, ein wichtiger Mensch zu sein? Geld ist ja nicht alles ... Nur Ruhe haben? Gesundheit ist gewiss kostbar, aber was mache ich damit? Eine Familie und Freunde haben ist schon sehr wichtig, aber Leben hat doch noch ganz andere Facetten ... Mit Gott le-

ben ist vielleicht das Wichtigste, aber ich bin doch auch ein Kind der Welt. Frei und unabhängig sein, schön und gut, aber wofür und wovon? Und: Nur Spaß haben? Der würde mir irgendwann sicher vergehen.

Darf ich, was ich will? Mir könnte dazu einfallen: Was sagen meine Eltern „dazu"? Und mein Mann/meine Frau? Da ist etwas, wenn ich „daran" denke, was ein gewisses Unbehagen in mir auslöst. Passt das, was ich vorhabe, wirklich zu mir?

Kann ich, was ich will? Mir könnte dazu einfallen: Übernehme ich mich nicht mit dem, was ich vorhabe? Vielleicht bin ich feige? Habe ich „dafür" überhaupt die Voraussetzungen? Man soll doch „auf dem Teppich bleiben"… Gab es überhaupt jemanden in der Familie, der „so" gelebt hat? Bislang habe ich wenig zustande gebracht.

Will ich, was ich soll, also das, was mir meine innere Stimme sagt? Mir könnte dazu einfallen: Die Idee ist ja gut, aber die Realisierung erschreckt mich schon. Ich könnte „es" eigentlich leichter haben. Muss ich mir „das" antun? Ich will „das" schon, aber „es" muss ja nicht gleich sein. Wahrscheinlich komme ich nicht „darum" herum. Ja, ich will „das".

DIE LIEBE BRINGT „ES" AN DEN TAG

Wahrscheinlich ist das die schönste Form der Selbsterfahrung: mehr von mir zu erkennen, wenn ich geliebt werde und/oder selber liebe. Was bringt die Liebe an den Tag? Meine besten Seiten, zum Beispiel meine Verantwortlichkeit, meine Aufmerksamkeit meinen Mut, für mich und andere da zu sein, meine Bereitschaft zum Verzicht und vieles andere mehr. Wenn ich geliebt werde und/oder selber liebe, bringe ich mehr und mehr das aus mir hervor, was den Menschen zum Menschen macht. Je tiefer die Liebe in mir „herrscht", desto näher komme ich meiner eigenen „größeren" Person. Ich komme später noch einmal auf dieses schönste und wichtigste aller Themen zurück.

Oscar Wilde bemerkte einmal: „‚Erkenne dich selbst!', stand am Eingang der antiken Welt geschrieben. Über dem Eingang der neuen Welt wird geschrieben stehen ‚Sei du selbst!'"

WARUM
ICH WERDEN KANN,
DER ICH
SEIN KÖNNTE

In seinem Buch „*Durchbruch zum Selbst*" sagt Graf Dürckheim im Abschnitt „Mächtigkeit, Rang und Stufen des Menschen": „Die immer ausschließlicher gewordene Bezogenheit des Menschen auf das ‚reale' Dasein hat ihn fast blind gemacht für sein Wesen. Das Organ für die Wesensqualitäten ... ist selten geworden. An seine Stelle ist die Wertschätzung der *quantifizierbaren* Leistung getreten. Äußere Vermögen wie Ehrgeiz und Fleiß scheinen den Mangel an ursprünglicher Fülle und Kraft, Leistungsfähigkeit und Können den Mangel an ... ursprünglicher Menschlichkeit ersetzen zu können."[15]

Das Wesen? Das ist der Mensch in seiner Ursprünglichkeit, Eigen-Art, Unverwechselbarkeit, Originalität, seinem Eigen-Sinn, seinem Kern, seinem Selbst, seine „größere" Person. Das Wesen eines Menschen ist das, was von ihm entdeckt werden will, das Treue von ihm erwartet, Achtung, Anerkennung, Liebe. Sein Wesen mag verstellt sein, verdeckt oder gefesselt, doch kann es aufgrund seiner Einzigartigkeit nicht verloren gehen. Und deshalb wartet es darauf, sich in seinem Facettenreichtum entfalten zu können. Und wie erkenne ich mein *Wesen*?

Jeder Mensch trägt auf seinem Weg durchs Leben ein inneres, einzigartiges, unverwechselbares Bild mit sich, und dieses Bild ist Ausdruck seines Wesens, seiner Originalität, seiner selbst. In zahllosen *Wertimaginationen* zeigte es sich. Keines dieser Bilder glich einem anderen. Dieses Bild zeigt sich · keineswegs nur in Imaginationen. Es deutet sich auch in *Nacht- und Tagträumen* an. Es wird sichtbar in Augenblicken des *Liebens und Geliebtwerdens*. Es nähert sich uns in *Ahnungen* und auch in tiefer *Not*. Es wartet darauf, zum Vor-Schein, zum Bewusstsein, zum Leben kommen zu können, in welcher Form auch immer.

Es ist alles andere als Luxus, sich mit ihm zu befassen, weil das, was es symbolisiert, nichts Geringeres ist als das Tiefste im Menschen, sein Innerstes, das, was er *eigen*tlich, *im Grunde*, seinen *Möglichkeiten* nach ist. Wären wir mit dieser aus *Erfahrungen* gewonnenen Tatsache vertrauter, würden wir vom Menschen und uns selbst anders sprechen. Würden wir ihm und uns eine wärmere Welt gönnen und gestalten. Hätten wir mehr Achtung vor uns und anderen. Wären die Wissenschaften nicht nur am Wissen, sondern auch an Weisheit interessiert. Zögen weit weniger depressive Wellen durch die Länder. Hätten wir mehr Hoffnung und Mut. Hätten wir den Mut, das sich in unserer Tiefe zeigende attraktive Bild unserer selbst zu suchen.

Was ich meine, *erzählt* Ihnen eine einfache, aber eindrucksvolle Wertimagination, also ein bewusster Weg in den unbewussten Bereich des Geistes:

Es handelte sich um eine Frau in ihren Fünfzigern. Sie war viele Jahre „die Frau an seiner Seite", der Seite ihres erfolgreichen Mannes. Immer hatte sie geahnt, dass weit mehr in ihr steckte als sie nach außen hin zeigte. Nachdem sie mir zunächst aus ihrem Leben erzählt hatte, begleitete ich sie (in einem stillen Gespräch) zum „Spiegelsaal eines Schlosses".

Zunächst wandert sie durch eine lange Allee. Nachdem sie sie aufmerksam durchschritten hat, gelangt sie zum herrschaftlichen, gut erhaltenen und einladenden Schloss. Rasch findet sie den Spiegelsaal, auf dessen rechter Seite sie fünf Spiegel erkennt.

Im ersten sieht sie eine Frau, korrekt gekleidet in Grau. Sie schaut ernst und pflichtbewusst. Sie weiß: Das bin ich selbst hier und heute. Was löst dieses Bild in ihr aus? Zustimmung und Trauer.

Im zweiten Spiegel sieht sie eine junge Frau mit langen Haaren, lachend ... Was kostet die Welt?! Diese Frau, in der sie auch sich selbst erkennt, schenkt ihr Zuversicht.

Im dritten Spiegel erscheint eine eher männlich gekleidete, Jeans tragende Frau. Sie strahlt, wirkt entschlossen, einsatzbereit, kampfeswillig, klug, sehr intelligent – mit viel Liebe zum Leben. Große Freude löst sie in ihr aus!

Der vierte Spiegel zeigt sie helfend, mütterlich, mit großer Liebe für die, die sie brauchen. Sie fragt nicht, welchen Vorteil sie dadurch habe. Und doch: Traurigkeit steigt in ihr auf. Das alles hätte auch sie einmal gern erlebt. Trotzdem: Sie wird weiterhin gerne geben.

Im fünften Spiegel erkennt sie eine Frau im Sommerkleid. Sie jubelt: Ich gehöre nur mir selbst. Sie wirkt leicht und verbunden mit dem Strom des Lebens. Was löst dieses Bild in ihr aus? Eine große Sehnsucht.

Nach diesen fünf Spiegeln an der rechten Seite des Spiegelsaales wendet sie sich zur linken Seite und erkennt einen einzigen, sehr großen Spiegel. Zunächst ist sie ein wenig verwirrt, denn wieder sieht sie sich selbst, jetzt aber anders: stolz, aufrecht. Mit großer Ausstrahlung. Sie leuchtet von innen, so sagt sie es selbst. Auf meinen Vorschlag hin gibt sie ihr, also sich selbst, beide Hände – (wir denken in Wertimaginationen nicht physikalisch). Da fließt ein warmer Strom, der sie nährt und belebt, direkt in ihr Herz.

Dann empfehle ich der Imaginandin, der Gestalt, also sich selbst, zu ihrem „eigentlichen" Platz im Leben zu folgen. Nach einiger Zeit gelangt sie in eine Stadt – in eine große Buchhandlung. Sie steht vor einem Publikum und hält einen Vortrag über das Leben und die Hoffnung, über Freiheit und Mut und darüber, dass das Leben schön ist. Dass man das Leben lieben kann.

Dann höre ich die Imaginandin sagen: „Es strömt nur so aus mir heraus. Die Menschen mögen mich. Das tut sehr gut. Und ich kann den Menschen etwas geben." Danach weint sie und lächelt und weiß, dass dieser Weg ins wartende Leben eine reale Möglichkeit ist. Sie ist der Verwirklichung nicht mehr fern.

Was geschieht in einem Menschen, der sein inneres Bild erlebt? Er gewinnt das Gefühl, bei sich selbst zu sein, zu sich zu stehen, mit sich eins zu sein, mit sich übereinzustimmen, sich zuzustimmen, in sich zu ruhen, sein zu dürfen und sein zu können. Er weiß: „*Ich bin ich selbst.*" Zwar kennt er seine Schwächen ebenso wie seine Stärken. Doch steht er zu dem, was er hier und jetzt ist und lebt. Er weiß, dass er mehr und mehr der sein wird, der er seinen Möglichkeiten nach ist. Er weiß jedoch auch, dass er nie ganz mit sich identisch sein wird. Warum nicht? Weil der Mensch wie alles Leben polarisiert ist. Das heißt? Dass wir immer und überall dem Lebensgesetz der Polarität begegnen: dem Tag und der Nacht, der Geburt und dem Tod, dem Mann und der Frau, der Liebe und dem Hass, der Kraft und der Schwäche, der Sehnsucht und der Erfüllung. Aus diesem Grunde tun wir oft nicht, was wir wollen, denn auch unser Wollen ist nie ein reines Wollen, sondern trägt zugleich den Keim des Nicht-Wollens in sich. Aus diesem Grunde ist auch verständlich, dass wir zu wenig das aus uns „machen", was möglich wäre. Schicksalhaft ist das jedoch in aller Regel nicht.

Was mag, verehrte Leser, an dieser Stelle in Ihnen vorgehen? Habe ich Sie „positiv" angeregt oder denken Sie, man solle sich keinen Illusionen hingeben, realistisch bleiben und sich damit abfinden, dass das Dasein „nun mal kein Zuckerschlecken" sei. Umso mehr freue ich mich, dass der folgende berühmte Text – er stammt von Marianne Williamson und wurde geistvoll Nelson Mandelas Antrittsrede zum Präsidenten Südafrikas zugeschrieben –, im Kern Ähnliches sagt:

„Unsere tiefste Angst ist nicht, dass wir ungenügend sind. Unsere tiefste Angst ist, dass wir über alle Maßen kraftvoll sind. Es ist unser Licht, nicht unsere Dunkelheit, das wir am meisten fürchten.

Wir fragen uns, wer bin ich denn, um von mir zu glauben, dass ich brillant, großartig begabt und einzigartig bin? Aber genau darum geht es, warum solltest Du es nicht sein?

Du bist ein Kind Gottes. Dich klein zu machen, nützt der Welt nicht. Es zeugt nicht von Erleuchtung, dich zurückzunehmen, nur damit sich andere Menschen um dich herum nicht verunsichert fühlen, sich so klein zu machen, dass andere um Dich herum sich sicher fühlen.

Wir alle sind aufgefordert, wie die Kinder Gottes zu strahlen. Wir wurden geboren, um die Herrlichkeit Gottes, die in uns liegt, auf die Welt zu bringen. Sie ist nicht in einigen von uns, sie ist in jedem. Und wenn wir unser eigenes Licht scheinen lassen, geben wir anderen Menschen unbewusst die Erlaubnis, das Gleiche zu tun.

Wenn wir von unserer eigenen Angst befreit sind, wird unsere Gegenwart ohne unser Zutun andere befreien."

KANN ICH
WIRKLICH
WERDEN, WAS ICH
IM GRUNDE BIN?

Woher nehme ich den Mut, diesem Text, der in der Tat von Mandela selbst stammen könnte, zuzustimmen und kühn zu behaupten, dass Menschen weit mehr „in sich" haben als nach außen hin erkennbar ist?

Ich deutete bereits an, dass sich das ureigene Bild des Menschen in Augenblicken des *Liebens und Geliebtwerdens*, in *Ahnungen, Visionen* und auch in tiefer *Not*, vor allem aber in Wertimaginationen zeigt. Die etwa 40 000 Wertimaginationen[16], die mir inzwischen bekannt geworden sind, jene bewussten Wege in die unbewusste Welt, zeigen häufig zunächst Bilder eines faden, stressigen, kranken oder gar verzweifelten Lebens, Bilder der Zerrissenheit und Abgründigkeit, die hoffnungslos machen könnten, Bilder, wie wir sie auch aus Träumen kennen. Doch *darunter* tauchen ganz andere auf: Sinnbilder zum Beispiel von Freiheit, Verantwortlichkeit, Liebesfähigkeit, Mut, Lebensbejahung, Lebensfreude, Bilder der spezifisch menschlichen Werte, des wartenden Lebens. Sie veranschaulichen, was der Mensch *im Grunde* ist und sein kann: eine „größere Person" (Scharmer). Wer ihr begegnet, mit ihr vertraut wird und sich auf sie einlässt (!), erlebt ihre hohe Attraktivität und begreift, dass er nicht nach Utopia blickt, sondern in seine eigene innere Wirklichkeit.

Das zu begreifen, dass diese innere Welt keine Illusion ist, sondern die auf uns wartende *Wirklichkeit*, ist das Schwierigste im Prozess der Selbstwerdung! *Nicht die Realität mit ihren tausendfach bekannten Bedrängnissen, Einengungen, Einschränkungen, Verletzungen ist unser primäres Problem, sondern unser bedrückender Mangel an Erfahrung dessen, was und wer wir in Wirklichkeit sind.*

Wir kümmern uns permanent um technologische Weiterentwicklungen und verkennen die Möglichkeit der Weiterentwicklung des Humanen, des Menschlichen und seiner vorhandenen realen Möglichkeiten. Doch wenn ich begreife, dass ich *mehr* bin als das, was ich bewusst von mir weiß –, dass ich trotz allem, was mir misslingt, worin ich versage, scheitere oder schuldig werde, trotz allem, was ich mir an Selbstvorwürfen, Selbstablehnung oder Selbstzweifeln erlaube, meine innere *Größe* nicht verliere, dann fühle und erfahre ich eine ganz große Herausforderung! Wozu? Dazu, dass ich mich frage,

- was ich an und in mir ändern will.

- was in mir mehr als bisher leben möchte.

Unsere Tiefe kennt keineswegs nur „der Seele dunkle Pfade" (Freud), sondern auch deren helle.

Muss ich denn, werden Sie fragen, dieses ureigene Bild selbst gesehen haben, um mich fortan davon leiten zu lassen? Natürlich nicht. Denn es ist und bleibt in uns, auch wenn wir selbst dazu keinen Zugang haben. Worauf kommt es also an?

Wenn ich begreife, dass ich mehr bin als das, was ich bewusst von mir wahrnehme, wenn ich mich nicht fixiere auf mein *reales Ich*, sondern auf mein Wesen, auf das werdende Selbst, auf meine „größere Person", werde ich aufhören, meinen bisherigen Lebensweg zu beklagen oder gar durchstreichen zu wollen. Dann werde ich sagen: Das war mein Weg. Das war mein Leben, durch den und durch das ich so wurde, wie ich bin. Dann werde ich stark genug sein, denen zu widersprechen, die glauben, mich beurteilen zu können. Dann werde ich den Weg zu mir selbst fortsetzen wollen. Dann wird mir aufgehen, was der viel zitierte Begriff Selbstwertgefühl in Wahrheit bedeutet. Was denn? Dass ich wert bin zu sein, dass ich Grund habe, mich anzunehmen, ja, zu lieben – trotz aller Begrenzungen und Einschränkungen, die mir andere oder ich selbst oder das Schicksal zugefügt oder auferlegt haben.

Jede Lebensveränderung, insbesondere die *Verwirklichung* der *Möglichkeit*, mehr als bisher zu werden, der ich sein könnte, setzt die Realisierung zweier zentraler spezifisch menschlicher Werte voraus: Hoffnung und Mut. Von diesen beiden Werten soll nun ausführlich die Rede sein.

HOFFNUNG

In seinem berühmten Buch „Prinzip Hoffnung" schreibt der Philosoph Ernst Bloch: „Wer sind wir? Wo kommen wir her? Wohin gehen wir? Was erwarten wir? Was erwartet uns? Viele fühlen sich nur verwirrt. Der Boden wankt, wir wissen nicht warum und von was. Dieser Zustand ist Angst, wird er bestimmter, so ist er Furcht. Einmal zog einer weit hinaus, das Fürchten zu lernen. Das gelang in der eben vergangenen Zeit leichter und näher, diese Kunst ward entsetzlich beherrscht. Doch nun wird, die Urheber der Furcht abgerechnet, ein uns gemäßeres Gefühl fällig. Es kommt darauf an, das Hoffen zu lernen."[17]

WAS IST HOFFNUNG?
Das Gefühl, dass das Leben nicht festgeschrieben ist, dass die Zukunft offen ist, dass „immer etwas Neues vor uns liegt" (C. G. Jung). Hoffnung ist die Grundbedingung für die Suche nach Sinn. Sie ist *der stärkste Anstoß zur Sinnsuche* und damit der stärkste Beweg-Grund zum Leben. Denn nur wer darauf hofft, Sinnvolles finden zu können, sucht danach. Wer hofft, hat ein Gefühl für Sinn. Wer ein Gefühl für Sinn hat, will Sinn leben. *Hoffnung ist für menschliches Leben konstitutiv.*

ZWEI FORMEN DER HOFFNUNG

Es gibt zwei Formen der Hoffnung: die eine bezieht sich auf etwas *Bestimmtes*, die andere auf *Unbestimmtes*. Wer auf *Bestimmtes* hofft, hofft zum Beispiel darauf, dass die Firma endlich mehr Mitarbeiter einstellt, dass der unbequeme Kollege in eine andere Abteilung versetzt wird, dass sich das Leben in der Familie entspannt, dass die Geldsorgen sich in den nächsten drei Monaten verringern, dass die befürchtete Diagnose nicht gestellt wird. Diese konkrete Hoffnung zielt in die Welt der Wünsche. Ihre Ziele können wechseln, ihre Wünsche enttäuscht werden. Doch brauchen wir diese Form der Hoffnung, weil das Leben ohne Wünsche erstirbt. Dazu kommt mir die Erinnerung an einen Mann, dem ich vor vielen Jahren kurz begegnete. Er dachte mit Grauen an den irgendwann zweifelsfrei eintretenden Tod seines Hundes. Als ich daraufhin zu sagen wagte, irgendwann werde er sich möglicherweise einen anderen Hund zulegen, hob er entsetzt die Arme und rief laut: „Nur das nicht! Der wird ja wieder sterben!"

Die größere Hoffnung richtet sich auf nichts Konkretes. Sie richtet sich auf *Unbestimmtes*. Sie erfüllt sich nicht im schmalen Land meiner Vorstellungen und Wünsche. Sie überschreitet deren enge Grenzen. Sie steht oft genug vor Lebenssituationen, die sie sich ganz anders vorgestellt hatte. Dann verzagt sie nicht gleich. Sie hält inne, durchdenkt und durchfühlt die neue Situation und richtet sich nach einiger Zeit auf das Unerwartete aus und fragt, welcher Sinn in dem ungewollten Ereignis oder Erlebnis liegen könnte. „Hoffnung", sagte Václav Havel, „ist nicht die Überzeugung, dass etwas gut ausgeht, sondern die Gewissheit, dass etwas Sinn hat, egal, wie es ausgeht."

Ein mich noch immer beeindruckendes Beispiel:

Eine 50-jährige Frau war mir von einer Berliner Klinik überwiesen worden. Sie hatte bereits Metastasen im ganzen Körper. Auf Heilung hoffte sie nicht mehr. Sie hatte eine verantwortungsvolle Rolle in der Wirtschaft gespielt. Dass man sie sehr geschätzt hatte, konnte ich gleich bei unserer ersten Begegnung verstehen. Sie sprach nicht von Hoffnung, aber sie hoffte. Worauf? Dass ihre Zeit gut, würdig, sinnvoll, weitergehen würde. Wertimaginationen halfen ihr, das Gefühl für den Wert ihrer Persönlichkeit zu *erleben*.

Wenige Tage vor ihrem Tod trennte sie sich, weil sie keine Unklarheiten mehr duldete, undramatisch von ihrem Mann. Kurz vor ihrem Tod besuchte ich sie im Spital. Sie hatte ihren Frieden gefunden.

Wenn die Hoffnung, gleich welcher Art, aufhört, hört das *Leben* auf, denn sie ist „ein dem Leben selbst innewohnendes Element", „Ausdruck der Dynamik menschlichen Geistes" (E. Fromm). Anders formuliert es Viktor Frankl, doch in derselben Intention: „Ob bewusst oder unbewusst, jeder Mensch fragt nach Sinn, denn er glaubt an Sinn. Ob er es will oder nicht, ob er es wahrhat oder nicht – der Mensch glaubt an einen Sinn, solange er atmet. Noch der Selbstmörder glaubt an einen Sinn, wenn auch nicht des Lebens, des Weiterlebens, so doch des Sterbens. Glaubte er wirklich an keinen Sinn mehr – er könnte ... keinen Finger mehr rühren und schon darum nicht zum Selbstmord schreiten."[18] Aber – welchen Sinn, welche Hoffnung könnte der meinen, der sich das Leben nimmt oder nehmen will?

Der frühere Bonner Psychiater Helmut Plügge berichtete von Gesprächen mit Menschen nach einem missglückten Suizidversuch, in denen diese erklärten, dass sie nicht einfach das Nichts, das Auslöschen ihrer Existenz erzwingen wollten. Sie machten vielmehr glaubhaft, dass sie in ihrer Verzweiflung zwar den Suizidversuch als letztes Mittel wählten, jedoch mit dem Blick auf ein Etwas in der Zukunft, das ihnen vielleicht den Sinn erschließen würde, der ihnen in ihrem Leben nicht einsichtig wurde. So sagte zum Beispiel ein Patient nach einem missglückten Suizidversuch: „Ich wusste nicht mehr ein noch aus. Die Sinnlosigkeit in meinem Leben brachte mich zur Verzweiflung. Ich wollte nun das letzte Mittel probieren und mal sehen, ob man nicht doch den Sinn erfahren kann, wenn man alles kaputt macht."

Besonders eindrucksvoll kommt diese irrationale Hoffnung in dem berühmten Song von Ludwig Hirsch „Komm großer schwarzer Vogel" zum Ausdruck (er nahm sich selbst das Leben):

Komm, großer schwarzer Vogel, komm zu mir!
Spann' deine weiten, sanften Flügel aus
und leg's auf meine Fieberaugen!
Bitte, hol' mich weg von da!

Und dann fliegen wir rauf, mitten in Himmel rein,
in a neue Zeit, in a neue Welt.

Und ich werd' singen, ich werd' lachen,
ich werd' „das gibt's net" schrei'n,
weil ich werd' auf einmal kapieren,
worum sich alles dreht.

Was ist Hoffnung? Ich fasse zusammen: Ein zu jedem gehörender vitaler Lebensdrang, die Gegenspielerin jenes Gegenspielers, den wir aus Märchen, Träumen und Imaginationen kennen, also jene Gestalt, die jede Hoffnung auf ein beglückendes, sinnvolles Leben zerstören möchte. Doch Hoffnung ist nicht nur ein Lebensdrang, sondern auch und vor allem ein Existenzial, ein zu jedem Menschen gehörender spezifisch humaner Wert, den wir verleugnen, verdrängen, einkapseln oder lächerlich machen können. Aber bleiben wird sie, die Hoffnung, auch wenn sie verschüttet ist. Sie gehört zu jener königlichen geistigen Trias (Glaube, Liebe, Hoffnung), von der C. G. Jung sagte, sie zu leben bedeute, zu sich selbst und damit zum Leben zu kommen.

WAS IST HOFFNUNGSLOSIGKEIT?
Das niederziehende Gefühl, keinen Weg mehr vor sich zu sehen, keine Orientierung, keine Perspektive mehr zu haben, das innere Gleichgewicht zu

verlieren, sich nicht mehr zu fühlen – körperlich, seelisch, geistig, sich selbst fremd zu sein, sich als arm zu empfinden, nicht mehr zu wissen, wer man ist, keinen Sinn mehr zu fühlen.

Wer nicht mehr zu hoffen wagt, ist fixiert auf das Missliche, auf das, was war, was ist und was sein wird, nicht auf das, was werden könnte. Doch wer sich nur auf seine Lebenserfahrungen beruft, beruft sich nur auf altes, nie auf neues, frisches Leben. Er glaubt nicht daran, dass sich eine Brücke zeigen könnte, wenn er die Kugel der Hoffnung über den Fluss werfen würde. Er gibt seinem Leben keine Chance. Doch: „Wer nicht zu hoffen wagt, wird dem Unverhofften nie begegnen." (J. Cortázar) Viele von Ihnen kennen Viktor Frankls berühmtes Wort von der „Trotzmacht des Geistes". Es gibt leider auch das Gegenteil, die Trotzmacht des Ungeistes: den verborgenen Widerstand gegen die Hoffnung, das geheime Wüten gegen neue Angebote des Lebens, das bewusst-unbewusste Wegsehen von den Möglichkeiten. Diese Art des Trotzes ist nicht frei von verborgener Lust am Scheitern. Sie ist ein trostloser Aspekt der Freiheit, dessen unrühmliche Schwester das Selbstmitleid ist. Kaum ein Gefühl aber hemmt die Hoffnung so stark wie diese negative Gefühlskraft, weil sie nicht nach Auswegen sucht. Sie nährt sich durch die bittere Süße einer keineswegs akzeptablen Melancholie. Sie äußert sich in tragischem Gebaren. Viele kennen sie, wenige mögen sie sich eingestehen. Doch wer sein Selbstmitleid überwunden hat, verschafft der Hoffnung helle Kleider.

WIE KANN MAN ZU NEUER HOFFNUNG GELANGEN?

- Hoffnung entsteht, wenn Erinnerungen das Verinnerlichte zum Vorschein bringen. Zum Beispiel? Sie hatten als Kind gehofft, Ihre Eltern würden sich nach einem heftigen Streit wieder versöhnen. Sie taten es. Oder: Sie hatten gehofft, trotz ungenügender Vorbereitungen das Examen zu bestehen. Sie bestanden es. Oder: Als Ihre mittleren Jahre kamen, schien Ihr Leben zu stagnieren. Doch dann entwickelte sich in Ihnen die Zuversicht, es werde „alles gut" werden.

- Hoffnung entsteht, wenn sich ein Mensch dem stellt, was ist. Wenn er sich nichts mehr vormacht, sich sein Scheitern eingesteht, wenn er so weit wie möglich die Ursache für sein Unglück nicht von sich auf andere schiebt. Wenn er begreift, dass eine Veränderung der Situation nur möglich ist, wenn er bereit ist, für das, was kommt, Selbstverantwortung zu übernehmen.

• Hoffnung kann entstehen, wenn es ums Ganze geht – um Leben oder Tod, innerlich oder äußerlich. Wenn es um die Entscheidung geht, die Hoffnung aufzugeben oder der Resignation die Stirn zu bieten.

• Hoffnung entsteht durch Antworten auf die Frage, *worauf* ich *hoffen* kann. Worauf denn? Zum Beispiel darauf:
Dass keine Zeit der anderen gleicht, weder im persönlichen Leben noch in der großen Geschichte.
Dass die Möglichkeit besteht, zu den wechselnden Situationen des Lebens *andere* Einstellungen als die bisherigen zu finden, also mir Gegebenes, vielleicht sogar mir Aufgegebenes *neu zu deuten*.
Dass Menschsein heißt, sich verändern zu können.

Dass bestimmte Um-Stände zwar schwierig sind, doch nicht zwangsläufig das ganze Dasein zentral beeinflussen müssen.

Dass manchmal nur eines fehlt: Versöhnung.

Dass Anlass zur Hoffnung manchmal von außen kommt, wenn wir gar nicht damit rechnen.

Dass die Hoffnung sich manchmal von selber zeigt.

Ich erinnere mich an eine ältere alkoholkranke Frau, die ich nach ihrer Kur zu betreuen hatte. Sie wohnte in einer Großstadt vereinsamt in einer winzigen Wohnung, also unter Um-Ständen, die alles andere als angenehm waren. Eines Morgens – ich hatte kaum das Institut betreten –, rief sie mich aufgeregt an und sagte, „das" müsse sie mir unbedingt erzählen: Sie sei mitten in der Nacht aus einem Traum erwacht und sei „unbeschreiblich glücklich" gewesen. Auf meine Frage nach näheren Einzelheiten des Traumes erwiderte sie, da sei nur Helligkeit in ihr gewesen und, wie sie schon gesagt habe, dieses herrliche Gefühl. Dass es sie nach wie vor ausfüllte, spürte ich deutlich.

• Hoffnung kann auch so entstehen: Manchmal, wenn sich Unzufriedenheit, Misstrauen, Angst,

Niedergeschlagenheit, wenn sich das in mir ausgebreitet hat, was ich gar nicht will, kann es hilfreich sein, diese und andere die Seele zersetzenden Gefühlskräfte zuzulassen, sie sich eine Weile anzuschauen, bis der Widerwille gegen sie ein solches Maß erreicht hat, dass sich *Empörung* dagegen einstellt. Denn in allem was ist, ist keimhaft das Gegenteil enthalten.

- Hoffnung kann entstehen durch die Überwindung tragischen Gebarens. Sie kennen dieses süß-bittere Gefühl? Dieses Gefühl, das keinen Ausweg sucht, sondern sich damit begnügt, bei sich selbst zu bleiben? Die Folge ist die scheinbare Bestätigung, in der Welt nicht gewollt zu sein.

Ein Mann in seinen Vierzigern bestand darauf, dass es für ihn keine Hoffnung mehr gäbe. Mehrere Therapien hatte er eisern ohne Erfolg durchlaufen, obwohl seine psychosomatischen Störungen keineswegs dramatisch zu nennen waren. Sein Schicksal, sagte er, sei in dem Song Howard Carpendales „Alone again" treffend beschrieben worden. Erst nach einiger Zeit erfuhr ich, dass der Song keineswegs von Einsamkeit handelt, sondern genau vom Gegenteil: „Hello again", von der Liebe.

- Häufig zeigen *Träume*, dass sich unter der Not Hoffnung anbahnt. Ein Beispiel: Ich denke an einen Mann, der zwar sehr intelligent war, doch nicht zu leben wusste. Er war nahe daran, sich das Leben zu nehmen. Da berichtete er mir von einem Traum: Er wandert durch eine öde Landschaft (Symbol für seine damalige Lebenslandschaft) und hat keine Orientierung mehr. Als sich in der Ferne eine Quelle zeigt, geht er raschen Schrittes darauf zu. Er verzweifelt jedoch, als er sieht, dass sie ausgetrocknet ist. Er setzt sich nieder, abgewandt von der Quelle, und will nicht wieder aufstehen. Nach einer gewissen Zeit hört er ein Rauschen. Ungläubig wendet er sich der Quelle zu und sieht in klares, sprudelndes Wasser hinein. Zugleich nimmt er wahr, wie in seiner Nähe die Landschaft zu grünen beginnt (Symbol für wieder erwachendes Leben).

- *Wertimaginationen* können starke Hoffnungen vermitteln. Ein Beispiel:

Eine 45-jährige Frau, deren Mann verstorben war, glaubte ohne ihn nicht weiterleben zu können und geriet in eine schwere Depression. Sie war, wie es schien, ohne Hoffnung. In unserer ersten oder zweiten Sitzung schlug ich ihr vor, in einer kurzen Wertimagination eine „kleine" Wertgestalt, die „hoffende Petra"[19] kommen zu lassen. Vor Beginn unserer inneren Wanderung sagte ich ihr etwa Folgendes:

„*Warten* Sie mit geschlossenen Augen darauf, dass sich Ihnen ein Meer zeigt. Genießen Sie die klare Luft, die Wellen, den weiten Blick. Dann schauen Sie auf den Strand und warten Sie darauf, dass Sie sich selbst entgegen kommen. Sie haben recht gehört. Sich selbst als *hoffnungsstarke* Gestalt. Als jene ‚Petra', die es auch in Ihnen gibt, die unterhalb Ihrer Traurigkeit darauf wartet, wieder leben zu können. Denn die Seele ist immer weiter, tiefer, größer als der Bereich, in dem die Not zu Hause ist. Sie werden *Ihr* Gesicht sehen, nur zuversichtlicher, hoffender. Wenn Sie einander gegenüber stehen, reichen Sie sich beide Hände, sodass eine Brücke zwischen Ihnen entsteht und die hoffnungsstarke Gestalt sie beeinflussen kann."

Diese kurze Imagination verwunderte, erstaunte, ermutigte die Klientin, mit mir zu arbeiten. Sie war der Schlüssel, sich Neuem, das in der Tat vor ihr lag, zu öffnen.

- Sie können die Hoffnung auch in sich selbst finden, wenn Sie den Mut haben, die *Stille* auszuhalten, in die sich die Hoffnung manchmal zurückzieht. Denn die Stille ist der „Ort", an dem sich die Seele zu sagen traut, was der Verstand ihr vielleicht schon seit Langem auszureden versucht. Sie ist der „Ort", an dem die Fantasie wieder Flügel anlegt.

- Hoffnung, neue Hoffnung kann auch dadurch entstehen, dass man die *Sehnsucht* nach einem anderen, leichteren, sinnvolleren Leben zulässt. Wer eine solche – nicht melancholische, sondern freie – Sehnsucht in sich zulässt, lässt die Zäune der herrschenden Realität hinter sich. Er richtet sich nach der noch verborgenen *Wirklichkeit* aus. Seine Gedanken und Gefühle werden zu starken Ideen, die auf Verwirklichung drängen.

Als Student absolvierte ich ein Sozialpraktikum, zu dem ein Besuch in einem Gefängnis gehörte. Mit einem jungen Gefangenen, der wegen eines nicht besonders schweren Vergehens einsaß, kam ich in ein Gespräch, das wir über einen längeren Zeitraum brieflich fortsetzten. Viele Jahre später traf ich ihn im Zusammenhang eines Sozialprojektes der Hamburger Universität in einem anderen Gefängnis wieder. Inzwischen war er zum Totschläger geworden. Aber – er ließ der Sehnsucht nach einem anderen Leben Raum. Wieder Jahre später stand er vor der Tür meines Hamburger Instituts und berichtete voller Stolz von seiner Familie und seiner beruflichen Existenzgründung.

- Hoffnung entsteht, wenn sich ein Mensch auf etwas *auszurichten* beginnt, was *größer* ist als die vorhandene Not. Wenn Zweifel sich zur Verzweiflung ausgewachsen haben –, wenn die Not so groß geworden ist, dass die Hoffnungslosigkeit die Seele ganz in Anspruch genommen hat –, wenn der Mut sich nicht mehr zu erheben wagt, gäbe es dann wirklich noch etwas, was Leben retten könnte? Eine ergreifende Antwort auf diese Frage gibt

Viktor in seinem Buch „... trotzdem Ja zum Leben sagen“:

„Während wir kilometerweit dahinstolpern, im Schnee waten oder auf vereisten Stellen ausgleiten, immer wieder einander stützend, uns gegenseitig hochreißend und vorwärtsschleppend, fällt kein Wort mehr, aber wir wissen in dieser Stunde: Jeder von uns denkt jetzt nur an seine Frau. Von Zeit zu Zeit schau ich den Himmel hinauf, wo die Sterne verblassen, oder dort hinüber, wo hinter einer düsteren Wolkenwand das Morgenrot beginnt. Aber mein Geist ist jetzt erfüllt von der Gestalt, die er in jener unheimlich regen Fantasie festhält, die ich früher, im normalen Leben, nie gekannt hatte.

Ich führe Gespräche mit meiner Frau. Ich höre sie antworten, ich sehe sie lächeln, ich sehe ihren fordernden und ermutigenden Blick, und – leibhaftig oder nicht – ihr Blick leuchtet jetzt mehr als die Sonne, die soeben aufgeht. Da durchzuckt mich ein Gedanke: Das erste Mal in meinem Leben erfahre ich die Wahrheit dessen, was so viele Denker als der Weisheit letzten Schluss aus ihrem Leben herausgestellt und was so viele Dichter besungen haben; die Wahrheit, dass Liebe irgendwie das Letzte und das Höchste ist, zu dem sich menschliches Dasein aufzuschwingen vermag. Ich erfasse jetzt den Sinn des Letzten und Äußersten, was menschliches Dichten und Denken und – Glauben auszusagen hat: die Erlösung durch die Liebe und in der Liebe! Ich erfasse, dass der Mensch, wenn ihm nichts mehr bleibt auf dieser Welt, selig werden kann – und sei es auch nur für Augenblicke –, im Innersten hingegeben an das Bild des geliebten Menschen. In der denkbar tristesten äußeren Situation, in eine Lage hineingestellt, in der er sich nicht verwirklichen kann durch ein Leisten, in einer Situation, in der seine einzige Leistung in einem rechten Leiden – in einem aufrechten Leiden bestehen kann, in solcher Situation vermag der Mensch, im liebenden Schauen, in der Kontemplation des geistigen Bildes, das er vom geliebten Menschen in sich trägt, sich zu erfüllen. Das erste Mal in meinem Leben bin ich imstande zu begreifen, was gemeint ist, wenn gesagt wird: Die Engel sind selig im endlos liebenden Schauen einer unendlichen Herrlichkeit ... Der vereiste Boden splittert unter der Spitze der Hacke, Funken stieben. Noch tauen die Gehirne nicht auf, noch schweigen die Kameraden. Und noch haftet mein Geist an dem Bild des geliebten Menschen. Noch spreche ich mit ihm, noch spricht er mit mir. Da fällt mir etwas auf: Ich weiß ja gar nicht, ob meine Frau noch lebt! Da weiß ich eines – jetzt habe ich es gelernt: So wenig meint Liebe die körperliche Existenz eines Menschen, so sehr meint sie zutiefst das geistige Wesen des geliebten Menschen, sein ‚So-Sein‘ (wie es die Philosophen nennen), dass sein ‚Dasein‘, sein Hier-bei-mir-Sein, ja seine körperliche Existenz überhaupt, sein Am-Leben-Sein, irgendwie gar nicht mehr zur Diskussion steht ... So weiß ich in diesem Augenblick um die Wahrheit: ‚Setze mich wie ein Spiegel auf Dein Herz ... Denn Liebe ist stark wie der Tod‘ (Das Hohelied, VIII, 6)."[20]

• In *allen* Lebensbereichen kann man *Sinn* – und also Hoffnung! – finden: Die Suche nach Sinn bezieht sich auf alle Bereiche des Lebens, auf die dunklen ebenso wie auf die hellen. Wer sich bei seiner Suche nur auf die hellen konzentriert, halbiert sein Leben. Alles aber, was ich ablehne, entzieht sich mir in seinem Wesen, verschließt mir den Zugang zu sich, bleibt mir fremd, verhindert mein Verstehen. Leben will angenommen, will nicht abgelehnt sein. Nichts zeigt sich mir in seinem Wesen und Sinn, wenn ich es verneine. Fünfzehn Wege bieten sich als Wege zur Sinn- und damit zur Hoffnungsfindung an.

Bereits die *Suche nach Sinn* bewirkt Hoffnung, denn der Mensch ist seinem *Wesen* nach ein nach Sinn Suchender. Wer sucht, lässt die Hoffnung zu, etwas finden zu können.

Wer sich an früheres, gelungenes Leben erinnert, weckt in sich das frühere Gefühl für Sinn und das Bedürfnis nach neuem, frischem Leben.

Wer Sinn sucht, muss ihn mit Leib, Seele und Geist suchen. Wer ihn nur erdenken möchte, wird kein Gefühl dafür entwickeln, was in Wirklichkeit für ihn sinnvoll ist.

Es gibt Barrieren vor den „Orten", an denen Sinn gefunden werden kann. Diese Barrieren haben oft

einfache Namen. Sie heißen z.B. Trotz, Selbstmitleid, Neid, Geltungssucht, Aggressivität, Maßlosigkeit, Ichbezogenheit, Unwahrhaftigkeit. Sie sind die
Gegenspieler jener Gedanken, Gefühle und Handlungen, die die Bedingungen für ein gelingendes
Leben sind. Wer sich jedoch dem stellt, was ihm
den Weg zum Sinn verstellt, beginnt, *sich* zu verstehen, zu sich zu stehen. Er sieht klarer, verhält
sich klarer, beginnt zu ahnen, was wirklich wichtig
ist. Er verbraucht auch weniger Kraft, weil er weniger verdrängt.

Wünsche und Träume können Lotsen zum Sinn
sein. Sie weisen den Weg zu den „Orten", an denen
Sinn gefunden werden kann.

Das, was uns hier und heute an Lebensmöglich-
keiten begegnet, ist der „Stoff", aus dem sinnvolles Leben entstehen kann. Voll von Leben ist mein
Tag, wenn ich die Möglichkeiten ausschöpfe, die
ich in ihm vorfinde.

Wer den Aufgaben, die auf ihn zukommen, so wenig wie möglich ausweicht, erfährt Sinn. Wer so
wenig wie möglich den wechselnden Situationen

seines Lebens ausweicht, erfährt darüber hinaus einen Zuwachs an *Lust* an der Verantwortung.

Wer sagt, was er meint, und tut, was er sagt –, wer sein Versagen so wenig wie möglich auf andere schiebt, kommt zu sich, ist bei sich und bei anderen und mitten im Leben.

Leid ist grundsätzlich keine Barriere gegen Sinnfindung, im Gegenteil: Gestaltetes Leid kann zu tiefer Sinnerfahrung führen. Entscheidend ist, *worauf* man sieht: auf das, was man *nicht (mehr) ist*, nicht (mehr) hat, nicht (mehr) kann – oder darauf, welche Möglichkeiten *noch immer und gerade jetzt* offen stehen.

Nichts befreit uns mehr, nichts füllt uns mehr aus, nichts ist heilsamer als dieses menschlichste aller Gefühl: Unter allen Fährten dieses Lebens, die zum Menschsein überhaupt führen, gibt es keine, die unmittelbarer in seine Mitte führte als die Liebe.

Erfahrung von Sinn – das ist auch Erfahrung unserer inneren, unbewussten Welt. Sie zeigt uns, was für uns sinnvoll ist und was nicht, welche Wege wir gehen sollten und welche nicht. Sie ist der „Ort", an dem die „Weisheit des Herzens" zu Hause ist. Wir erfahren sie zum Beispiel im Umgang mit Märchen, Meditationen, Träumen oder Wertimaginationen.

Man darf auch einmal müde sein und darauf warten, dass sich das Bedürfnis nach und die Fantasie für Sinn und Hoffnung von selbst wieder einstellen.

Worauf hoffe ich persönlich? Was werde ich einmal am Ende meiner Zeit sagen wollen?

Ich habe die Sterne gesucht
und den Menschen nebenan.

Ich habe das Glück gesucht
und das Unglück nicht verachtet.

Ich habe die Gerechtigkeit gesucht
und mich von Ungerechtigkeiten nicht
verbittern lassen.

Ich habe die Liebe gesucht
und bin ihr auch begegnet.

Ich habe die Weisheit gesucht
und manchmal ihren Saum gesehen.

Ich habe Gott gesucht
und er hat mich gefunden.

Wenn es zum Sterben geht,
möchte ich sagen können:
Ich möchte wieder zum Leben kommen.

MUT
ZUM LEBEN

Mut zum Leben ist die Gefühlskraft, die wir brauchen, um das Leben in seiner Zwiespältigkeit nicht nur aushalten, sondern auch gut finden, bejahen und mehr als das: bei uns selbst sein zu können.

Mut zum Leben ist die Kraft, Leben, wie immer es auf uns zukommt, annehmen zu wollen und zu können. Eine Kraft, die insbesondere diejenigen brauchen, deren Leben ihrer eigenen Meinung nach nicht wie gewünscht verläuft, nicht lebenswert genug erscheint oder bereits krank ist.

Mut ist keineswegs eine nur angeborene Eigenschaft, keineswegs nur das Ergebnis kluger Erziehung. Er gehört zur *geistigen Ausstattung* eines Menschen. Zwar kann er unentwickelt, verdrängt, verleugnet, verschüttet sein. Verloren geht er nicht, weil er tief im unbewussten Geist verwurzelt ist. Doch ohne *bewusst gewordenen* Mut ist Leben, schon gar ein starkes Leben, nicht möglich.

Was ist Mut zum Leben? Das starke Gefühl, sich von inneren und äußeren Bedrängnissen nicht alles gefallen zu lassen, sondern darauf *selbst* Einfluss zu nehmen. Mut ist das starke Gefühl, sich Schwierigkeiten gewachsen zu fühlen. Ist die *jedem* Menschen gegebene Möglichkeit, sich selbst durch die Angst hindurch zu glauben und ihr so wenig wie möglich Raum zu lassen. Denn Mut gibt es bekanntlich nur, weil es auch Furcht und Angst gibt. Daher ist Mut der bewusst einseitige Blick auf die *Möglichkeiten*, die im Leben liegen, darüber hinaus die Gefühlskraft, die sich bei dem einstellt, der sich gegen einengendes, leeres, krankmachendes Leben empört.

Mutlosigkeit ist Resignation. Resignation aber ist der einzige wirkliche Feind des Menschen. Sie ist vorzeitige Beendigung der Suche nach den Möglichkeiten, die bislang unentdeckt im Leben liegen, ist kraftlos-trotzige Abwehr und Verweigerung weiterer Suche nach nicht gelebtem Leben. Der Resignierende „will nicht mehr". Was will er nicht mehr? Hoffen, Mut entwickeln, Herausforderungen annehmen, nach Sinn suchen, nach Gründen für Glück Ausschau halten. Er gibt auf: sich selbst, andere, die Welt, in der er lebt. Und gibt damit auf, was jeder Mensch vor allem braucht: die Hoffnung auf Vollendung des eigenen Lebens. *Resignation ist Widerstand gegen das noch immer sich anbietende Leben.*
Mut zum Leben – wie gewinnt man ihn?

WAGEN SIE MUTIGES

Es ist besser, mutig zu sein und dann zu scheitern, als nie den Mut erfahren zu haben. Es ist besser zu wagen und dann zu verlieren, als gar nichts riskiert zu haben. Wer es vermeidet, dem sich meldenden Mut zu folgen, gleicht dem, der seine Kräfte noch spürt, sie aber nicht mehr gebraucht, der den Ruf des Retters noch hört, ihm aber nicht antwortet.

Wer in den meisten Lebenssituationen die *Sicherheit* dem *Mut* vorzieht, lebt möglicherweise gefährlich. Je mehr er Sicherheit sucht, desto mehr verspannt er sich. Je mehr er sich verspannt, desto weiter entfernt sich der Mut von ihm. Warum? Weil sich ihm die Angst, die Sicherheit nicht finden zu können, an seine Fersen heftet. Je höher er auf seiner Werteskala die Sicherheit ansiedelt, desto tiefer ist der Rang, den er dem Mut zubilligt. Die Folge: Die Spannung steigt, der Mut nimmt ab. Dazu möchte ich Ihnen eine Erfahrung schildern, die für mich persönlich ganz wichtig wurde.

Als ich zum ersten Mal mit einem (sehr alten) Pferd in die freie Natur ritt, presste ich meine Unterschenkel angstvoll an die Seiten des Pferdes. Die

Folge: Es wurde – zur großen Erheiterung des mich begleitenden Reitlehrers – wild, tat nicht, was ich wollte und hätte mich am liebsten abgeworfen. Als ich später mit Charly, dem temperamentvollen Pferd meiner Tochter, in fliegendem Galopp „über" die Hamburger Elbauen „flog", ließ ich mich ganz los, überließ mich ganz dem Pferd und genoss den wilden Ritt in vollen Zügen. Ich fühlte mich sicher.

Wenn Sie aus nächster Nähe den Gipfel eines Berges sehen und den letzten steileren Pfad nicht mehr zu gehen wagen –, wenn der Mensch, an den Sie schon lange gerne denken, Ihnen zulächelt und Sie ihn nicht anzusprechen wagen –, wenn Ihnen die Aufgabe, mit der Sie schon lange geliebäugelt haben, angeboten wird und Sie Nein sagen –, dann favorisieren Sie die Sicherheit gegenüber dem Mut. Dann gehen Sie nicht an Ihre Grenze. Dann lernen Sie sich nicht wirklich kennen. Dann führen Sie ein sparsames Leben. Dann denken Sie zu wenig daran, dass unser Leben kurz ist, sehr kurz.

Bleiben Sie bitte nicht bei dem möglichen Ärger über meine dreisten Worte stehen, sondern fragen sich, was Sie sich mehr als bisher zutrauen könnten.

„PROBIEREN" SIE DEN MUT

Mögen Sie Ihre Lektüre einen Augenblick beiseitelegen? Ich möchte Sie mit einer *realen* Möglichkeit vertraut machen. Ich liebe diese Art der Annäherung an etwas, zum Beispiel an einen Wert, das oder den ich mehr als bisher leben möchte. Sie gibt Ihnen die Möglichkeit, das, was Sie möchten, nicht nur zu bedenken, sondern auch – und darauf kommt es vor allem an – zu *erfühlen* und zu *erleben*. Und was Sie erleben, kann zur *Erfahrung* für Sie werden.

Es kann sogar sein, dass Ihnen zu dem einen oder anderen Einfall innere Bilder kommen, die Ihre Gefühle vertiefen. Sollte Ihnen zum Beispiel als inneres Bild ein *Fels in der Brandung* kommen, dann schauen Sie ihn an, bleiben Sie eine Weile darauf stehen und lassen Sie ihn auf sich wirken. Mag sein, dass Sie so bis ins Körperliche hinein fühlen, dass Sie *getragen* werden. Ob ich Sie dazu „verführen" kann, sich auf diese Prolepse, die Vorwegnahme einer realen Möglichkeit, einzulassen? Also:

Schließen Sie bitte die Augen und genießen Sie, wie „es" ganz von selbst in Ihnen atmet. Lassen Sie sich dafür Zeit. Dann öffnen Sie die „inneren" Arme, lassen Sie mit jedem Einatem den Brustraum ganz weit werden und warten Sie auf Ein-Fälle zu der Frage: *Was wäre, wenn ich mehr Mut zum Leben hätte?* Mir kommen diese Ideen:

Mir wäre leichter ums Herz.
Ich machte mir weniger Sorgen.
Ich würde mir manchen lang gehegten Wunsch erfüllen.
Ich würde mich mehr fordern.
Ich würde mehr wagen.
Ich würde leichter auf Menschen zugehen.
Ich würde mehr sagen, was ich denke, und mehr tun, was ich sage.
Ich hätte weniger Angst.
Ich hätte mehr Hoffnung.
Ich hätte auch mehr Vertrauen ins Leben.
Ich wäre manchmal draufgängerisch.

Sollten Sie sich auf diese kleine „Übung" einlassen, werden Sie vermutlich anders gestimmt sein. Denn nähern wir uns einem Wert, der in unseren tieferen Schichten verwurzelt ist, beginnt er bereits zu strahlen.

WOFÜR WOLLEN SIE MUTIG SEIN?
Mut kommt in dem Maße auf, in dem ich mir darüber Klarheit verschaffe, *wofür* ich mutig sein

möchte, zum Beispiel dafür, meinem pubertierenden Sohn nicht ständig psychologisch zu kommen, sondern ihm das zu sagen, was mir schon lange auf der Seele liegt.

Oder: Meinem Kollegen in der Firma mitzuteilen, dass ich seine ständigen Zoten nicht mehr hören kann.

Oder: Nach einer bedrückenden Diagnose nicht die weiße Fahne zu hissen, sondern sich auf die verbliebene Lebenskraft zu besinnen.

Oder: Angesichts verrückter politischer Entwicklungen den Kopf nicht in den Sand zu stecken, sondern nach einer Idee zu suchen, was man selbst im Rahmen seiner Möglichkeiten tun kann, um nicht depressiv zu werden.

Je klarer mir ist, wofür ich mutig sein möchte und was ich unbedingt will, desto leichter entwickelt sich der Mut in mir. Wenn mir zum Beispiel klar geworden ist, dass mich Unwahrhaftigkeit belastet und Wahrhaftigkeit mich befreit, werde ich mutiger als bisher sagen, was ich denke, und tun, was ich sage. Dann werde ich eine neue Erfahrung machen: dass ich, wenn ich in einer bestimmten Situation mutig war, auch in einer anderen Situation mutig sein kann.

Das Gleiche lässt sich – und das begeistert mich immer wieder – bei spezifisch menschlichen Werten generell beobachten: Wer *einen* menschlichen Wert mehr als bisher zu *leben* beginnt, etwa die Freiheit, wird *andere* Werte mitzuleben beginnen. Konkret: Je freier ich werde, desto mutiger werde ich. Je mutiger ich werde, desto verantwortlicher werde ich – auch für mich selbst. Je mehr ich Verantwortung für mich selbst übernehme, desto weniger schiebe ich Fehler von mir auf andere. Je weniger ich meine Fehler auf andere schiebe, desto mehr Kraft gewinne ich, weil mich nichts weniger schwächt als das Leugnen dessen, wofür ich selbst verantwortlich bin. Je mehr ich zu dem stehe, wofür ich selbst verantwortlich bin, desto mehr stehe ich zu mir selbst, komme ich zu mir selbst, bin ich bei mir selbst, bin ich mit mir eins, tue ich, was ich will. Wofür will ich mutig sein?

Im Juni 2012 standen zwei Möbelwagen vor unserer neuen Wohnung in Salzburg. Einige Monate zuvor hatte meine Frau leichthin gesagt: „Was wäre, wenn wir nach Salzburg ziehen würden?" Sie wusste, dass auch ich diese Stadt sehr mochte. Ich lachte und sagte nur: „Eine schöne Idee."

Aber meine Frau – damit war zu rechnen – kam auf das Thema Salzburg zurück. Mir schien die Idee jedoch abenteuerlich. Denn es gab so vieles, was mich an Hamburg band: Ich war schon 73 Jahre alt. Wir bewohnten ein schönes Haus in der Nähe der sehr attraktiven Stadt. Das von mir gegründete Hamburger Logotherapie-Institut hatte gerade sein 30-jähriges Bestehen gefeiert. Viele Menschen waren mir vertraut, begünstigt durch meine über dreißig Jahre dauernde Mitarbeit am „Hamburger Abendblatt". Meine (erwachsenen) Kinder und Enkelkinder waren Hamburger. Ich selbst hatte seit einem Jahr Krebs, meine Frau seit langem MS. Aber da war dieser Satz gefallen: „Was wäre, wenn wir nach Salzburg ziehen würden?" Attraktiv, sogar sehr attraktiv war die Idee schon. Also: Warum nicht.

Seit mehreren Jahren veranstaltete ich in Salzburg in größeren Abständen Ausbildungsseminare zur „Wertorientierten Persönlichkeit". Deshalb waren mir bereits einige Menschen vertraut, und so hielt sich meine Sorge, ob ich beruflich Fuß fassen könne, in Grenzen. Aber mit 73 Jahren, mit einer schweren Krankheit belastet, mit einer nicht gesunden Frau 1000 Kilometer südlich der Heimat ziehen? Was gab den Ausschlag?

Die Liebe zu meiner Frau, die gleich bei ihrem ersten Salzburg-Aufenthalt ein starkes Heimatgefühl entwickelte. Das Gefühl in mir, zwar körperlich, keineswegs aber geistig „zum alten Eisen" zu gehören. Der für mich höchst erfreuliche Gedanke: Es liegt immer etwas Neues vor mir. Und auch dieses: Dass meine Tochter meinen Wunsch, noch einmal Neues zu erfahren, wichtiger nahm als ihr Bedürfnis, in meiner Nähe arbeiten zu können.

Die Umzugswagen sind längst wieder im Norden. Ob sich das „Abenteuer" gelohnt hat? Ja. Sehr! Viele Türen gingen auf, womit wir nicht rechnen konnten. Nicht wenige Türen gingen in mir selbst auf, woran zu denken ich nicht gewagt hätte. Es ist schon so: Mut wird nicht dadurch fühlbar, dass ich an ein Wagnis denke, sondern dadurch, dass ich mich darauf einlasse.

WACHSEN SIE ÜBER SICH SELBST HINAUS

Ein Mensch wächst in dem Maße über sich hinaus, in dem er *in sich hineinwächst*. Das bedeutet: In dem Maße, in dem er denkt, empfindet, fühlt und handelt, *was und wie es ihm entspricht*, findet er Mut, setzt er sich durch, gewinnt er Freiheit, gewinnt er den Mut zu der Freiheit, die er sich wünscht. Niemand aber ist schwächer als der nur von außen gesteuerte Mensch – und sei er noch so erfolgreich. In dem Maße nämlich, in dem er seine innersten Wünsche und Strebungen verleugnet, verhindert er, dass sich die Türen zu jenen Kammern öffnen, in denen die Kräfte lagern, die stärker sind als die äußeren Mächte. Warum ist das so? Weil wir, Sie und ich, einmalige und einzigartige „Exemplare" sind und deshalb nur dann das „Richtige" tun, wenn wir so weit wie möglich uns selber folgen. Nein, das hat nichts, aber auch gar nichts mit Egoismus zu tun.

Je mehr ich mich kenne, nicht nur meine hellen, auch meine dunklen Seiten –, desto weniger brauche ich mir etwas vorzumachen. Je weniger ich mir etwas vormache, desto weniger brauche ich mich zu verstecken. Je weniger ich mich verstecke, desto mehr Stehvermögen entwickele ich. Stehvermögen aber ist der Lieblingsbruder des Mutes. Denn Stehvermögen ist die Fähigkeit, Schwierigkeiten nicht zu übersehen, sich selbst aber stark genug zu fühlen, um ihnen nicht aus dem Weg gehen zu müssen. Wer diesen „Bruder" kennengelernt hat, wird nie mehr auf ihn verzichten wollen.

In der Pause eines Seminars in Berlin kam ein Mann mittleren Alters auf mich zu und fragte mich ohne Vorwarnung: „Mögen Sie Gruppensex?" Ich verneinte aufrichtig. Daraufhin bat er mich um einen Gesprächstermin.

Er war Juniorchef eines großen Unternehmens, sehr wohlhabend und schien in der freien Zeit Sexualität zum Primärwert auserkoren zu haben. Seine Frau hatte dagegen offenbar keinerlei Einwände.

In den folgenden Gesprächen wurde dem Mann deutlich, wie weit er sich von sich selbst entfremdet hatte, wie leer sein Dasein geworden war. Er wusste nicht oder nicht mehr, wer er selbst war und wozu er lebte. Als ich ihn in einer der ersten Sitzungen fragte, ob es im Laufe der Woche möglicherweise die eine oder andere gute Stunde gebe, antwortete er ohne zu zögern: „Am Dienstagabend, wenn Rollstuhl-Tanz angesagt ist." (Er war ehrenamtlicher Helfer in einer karitativen Einrichtung.) Seine Antwort erstaunte mich, stand doch diese „Tätigkeit" in krassem Gegensatz zu dem, wie er auf mich wirkte und was er beruflich tat. Dann sah er mich mit großen Augen an und fragte: „Ja, dann geht es mir richtig gut." Dann, nach langem Schweigen: „Ich weiß nur, dass ich so nicht weiterleben kann."

Im weiteren Verlauf erzählte er mir aus seinem Leben, erinnerte sich an wichtige Träume, versuchte mir zu sagen, wie er sich selbst sah, hörte mir aufmerksam zu, wenn ich ihm sagte, was ich an ihm wahrnahm. Von Sitzung zu Sitzung wuchs sein Interesse an sich selbst. Irgendwann fragte ich ihn, ob er eine Idee, einen Wunsch, eine Sehnsucht nach etwas Bestimmtem habe, das ihn ausfüllen könne. Da verblüffte er mich erneut, als er antwortete: „Ich könnte mir gut vorstellen, eine Gärtnerei zu besitzen." Nach kurzem Schweigen fuhr er fort: „Ich werde mir in der kommenden Woche zehn Gärtnereien ansehen und dann entscheiden, ob ich ‚so was' will oder nicht."

Als wir uns nach zwei Wochen wiedersahen, wirkte er müde. „Das mit der Gärtnerei wird nichts. Das ist nicht mein Ding." Wir schwiegen lange. „Und was wäre Ihr Ding in Wirklichkeit?" „Ich möchte was mit Kindern tun. Was wirklich Wichtiges. Ich weiß auch schon, was. Das ist mir in der letzten Woche klar geworden: Ich werde einen Bauernhof kaufen und ihn zu einem Ferienhof für behinderte Kinder umbauen lassen. Meine Eltern werden mir einen Teil meines Erbes geben, damit ich ‚das alles' finanzieren kann." Während er sprach, wurde seine Körperhaltung immer aufrechter. Seine Augen wirkten viel klarer als bei unserer ersten Begegnung. Seine Sprache war erfrischend deutlich. „Ja, das ist es. Das bin ich! Das entspricht mir!" Wir verabschiedeten uns.

Später erfuhr ich: Sein Plan war klar gewesen, die Realität dagegen alles andere als das. Was er erlebt hatte, erfuhr ich einige Monate später nach unserem letzten Treffen. Er schrieb mir: „Ich sitze hier in einem Bauwagen auf dem Gelände meines Hofes. Es ist Abend. Weißer Nebel liegt über den Wiesen. Hoch am Himmel steht der Mond. Ich bin glücklich. Zwar haben meine Eltern mir das erhoffte Geld nicht gegeben. Ich hätte ja im Unternehmen bleiben sollen. Meine Frau hat mich verlassen und ist zu dem Architekten gezogen, dem ich die Umbauten übertragen hatte. Und Schulden habe ich auch, und nicht gerade wenige. Aber: Ich bin bei mir angekommen! Ich bin mit mir eins. Trotz aller Widerstände würde ich diesen Weg noch einmal gehen." In den späteren Jahren erreichten mich Prospekte von seinem Ferienhof.

WERDEN SIE FREIER, IMMER FREIER[21]
Mut hat viel mit einem anderen Wert zu tun. Ich meine die *Freiheit*. Wer mutig ist, hat seine Fesseln

satt. Er will sie nicht mehr. Er will frei sein, freier als bisher. Er spürt, dass er täglich, stündlich vom Leben gefragt wird, wofür oder wogegen er sich hier und jetzt entscheiden will? Er merkt, dass er häufiger gegen als für sich entscheidet. Dass er zum Beispiel für seine Karriere alles, für sich *selbst* nur wenig tut. Dass *er selbst* dafür verantwortlich ist, ob und wie er sein Leben findet.

Ist das so? Gehört es nicht zu den sichersten Erkenntnissen, dass wir sowohl von innen als auch von außen, von unserer Seele ebenso wie von unserer Umgebung oft daran gehindert werden, das zu tun, was uns entspricht? War nicht bereits davon die Rede, dass selbst in unserem Wollen keimhaft das Nicht-Wollen angelegt ist?

Wer beweisen will, dass wir wenig oder gar keine Freiheit haben, wird hinreichend Argumente dafür finden. Er ist nämlich in keiner Weise motiviert, nach den freien „Plätzen" im Denken, Fühlen und Handeln zu fahnden. Wer dagegen danach *sucht*, ob er nicht doch freier ist als er denkt, im Inneren wie im Äußeren, wird ausreichend Hinweise dafür finden, dass Freiheit alles andere ist als ein nur spannendes philosophisches Thema.

Und Sie, lieber Leser? Sollten Sie sich bei diesem Thema unwohl fühlen, frage ich Sie: Kann es sein, dass Sie (inzwischen) *zu wenig* Hunger nach Freiheit haben? Dass Sie sich nicht mehr vorstellen können, wie es sich anfühlt, frei zu sein? Dass Ihre Bilder von den grünen Wiesen der Freude und der Lust am Dasein zu blass geworden sind? Dass Sie nicht den Mut, sondern den *Blick* für das verloren haben, was darauf wartet, von Ihnen gelebt zu werden?

Jedenfalls gilt für die Freiheit Ähnliches wie für den Mut: Frei werde ich in dem Maße, in dem ich weiß, *wofür* ich frei sein will. Sollten Sie, um nur ein Beispiel zu nennen, sehen, dass Ihr geliebtes Kind vor ein Auto zu laufen droht, werden Sie, um es rechtzeitig einzufangen, schneller laufen als der aktuelle Olympiasieger im Hundertmeterlauf. Deshalb gilt für den Mut und die Freiheit: *Je klarer ich weiß, was ich will, je eindeutiger ich mich auf das ausrichte, was ich möchte, desto sicherer werde ich mein Ziel erreichen.*

Trotzdem geschieht es immer wieder, dass wir *nicht* erreichen, was wir erreichen wollten. Dann bleibt noch immer die Möglichkeit, eine solche Einstellung zu finden, die sich mit dem nun einmal Ge-

gebenen aussöhnt. Es kann zum Beispiel sein, dass Sie ihren Urlaub bereits vor mehreren Monaten gebucht haben und drei Tage vor dem Abflug erkranken. Das macht in der Tat zunächst ärgerlich, traurig oder aggressiv. Aber das hilft bekanntlich nicht weiter. Doch dann entdecken Sie vielleicht am dritten Tag, wie gut Ihnen die nicht beabsichtigte Ruhe tut. Es geht Ihnen auf, dass Sie sich im letzten Jahr nur noch getrieben fühlten, dass Sie nicht *in* der Zeit lebten, sondern durch sie hindurch hetzten. Mag sein, dass Sie nach einer Woche wieder gesund sind und trotzdem keinerlei Bedürfnis entwickeln, sich nach einem neuen Flieger zu erkundigen.

Nur: *Offen* sein muss ich, wenn ich nicht habe, was ich möchte. Offen sein dafür, dass Leben *mehrdimensional* verläuft, dass nie nur das Eine, was ich unbedingt möchte, mein Lebensglück ist, sondern – vielleicht – das andere auch.

Das Problematische drängt sich von selbst auf, das Wertvolle muss ich suchen! Das, was meinen Plänen entgegensteht, kommt ungerufen. Das wartende Leben in uns – die Liebe, die Freiheit, die Verantwortlichkeit, der Mut, die Selbstachtung, das Selbstwertgefühl, die Zuversicht, die Kreativität, die Spiritualität und andere spezifisch humane

Werte – sie drängen sich nicht von selbst auf, auf sie muss ich mich ausrichten!

Es ist an der Zeit, mich Ihnen auch einmal von meiner heiteren Seite zu zeigen. Deshalb erzähle ich Ihnen jetzt ein für Sie hoffentlich amüsantes Beispiel für Freiheit, die sich mein alter Freund nahm, der bis zu dem Zeitpunkt, an den ich denke, alles andere als frei, eher ein wenig gehemmt war:

Irgendwann war er zum Jubiläum eines Unternehmens eingeladen. Mit vielen anderen Gästen stand er in einer großen Halle. Nach langen Reden begann man sich zu langweilen. Plötzlich erklang Tangomusik. Da geschah es: Mein Freund ergriff die Hand einer Frau, von der er wusste, dass sie eine gute Tänzerin war und tanzte mit ihr allein in der Mitte der Halle einen hinreißenden Tango. Mit rauschendem Beifall wurden beide belohnt. Diese Geschichte hatte er mir erzählt. Einige Zeit später tanzte er wieder allein (mit einer Partnerin), wieder vor vielen Menschen. Dieses Mal war ich dabei – und ich sah, wie sich auf seinem etwas blassen Gesicht ein Leuchten zeigte. Und danach? Er wurde freier, immer freier. So wagte er zum Beispiel, einem nicht unbekannten Mann in aller Öffentlichkeit deutlich zu widersprechen. Und dazu gehörte in der Tat Mut.

HANDELN SIE HEUTE VERANTWORTLICH

Alles Denken, Empfinden, Fühlen ist nur „rund", kommt nur zur Gänze, entspricht nur dann mir selbst, wenn daraus konkretes Leben, Handeln, Tat wird. Die Tiefe der Bedeutung dieses Zusammenhangs wird erst dann deutlich, wenn ich mir vergegenwärtige, dass mir *jede* Stunde Gelegenheit bietet oder mir abverlangt, sie mit Sinn zu füllen. In aller Klarheit hat der 80-jährige Viktor Frankl diesen Zusammenhang in einem ergreifenden Interview mit Pinchas Lapide so beschrieben:

„In der Logotherapie (ist) unter Sinn gemeint der konkrete Sinn einer konkreten Person, die in einer konkreten Situation steht, mit ihr konfrontiert ist. Und dieser Sinn ist immer etwas Einmaliges und Einzigartiges: einmalig insofern, als er nur jetzt verwirklicht werden kann, denn die Situation ändert sich fortwährend, und das Leben ist eine Kette von rasch vorüberziehenden Situationen und damit Sinnmöglichkeiten. Die Sinnmöglichkeiten sind vorübergehend, die Situationen sind vorübergehend. Daher ist der Sinn, die konkrete Sinnmöglichkeit, etwas Einmaliges. Und sie ist etwas Einzigartiges, weil sie nicht nur nicht wiederholbar, sondern auch, weil sie unvergleichbar ist. Der Sinn ändert sich von Stunde zu Stunde und von Mensch zu Mensch. Ununterbrochen. Und diese Inkommensurabilität macht auch unsere Verantwortung aus. Deshalb haben wir ihn zu verwirklichen."[22] Die Verantwortung des Menschen in zweifacher Hinsicht: „dafür, was er tut, hier und jetzt – und mitunter nur hier und jetzt tun kann–, und dafür, was er im nächsten Moment sein wird."[23]

Sie spüren, welche Hoffnung von diesen Sätzen ausgeht? „Sinn ist etwas Einzigartiges ... Der Sinn ändert sich von Stunde zu Stunde ..." Und wenn mein Leben bisher alles andere als sinnerfüllt war, habe ich dennoch Grund zur Hoffnung, dass sich morgen eine neue Sinnmöglichkeit zeigt. Dass ich morgen die Verantwortung übernehmen kann, zu der ich gestern nicht in der Lage war. Ich selbst spüre angesichts dieser Sätze nicht nur mehr als bisher Lust an der Verantwortung. Es verdichtet sich in mir auch das Gefühl der Achtsamkeit gegenüber dem heutigen Tag, wenn denn das Leben „eine Kette von rasch vorüberziehenden Sinnmöglichkeiten" ist.

ÜBERWINDEN SIE IHRE FEIGHEIT

Manchmal, wenn es niemand hört, kann es hilfreich sein, sich seine eigene *Feigheit* einzugestehen. Zugegeben: Ein solches Eingeständnis schmerzt die Seele wie Jod die Wunde des Körpers. Dann aber, wenn man sich des ganzen Ausmaßes seiner Feigheit bewusst geworden ist, kommt Empörung über sich selbst auf. Diese kann stark genug sein, dass man sich aufzurichten beginnt und tut, worum es gehen sollte. Wer seiner Feigheit ins Auge sieht und ein gesundes Maß an Scham zulässt, verschafft dem Mut den Raum, den er braucht, um Großes erreichen zu können. Seltsam, dass hilfreiche „Kuren" solcher Art so selten in Anspruch genommen werden.

Ich erinnere mich an eine Klientin, die sich in unserem ersten Gespräch zunächst von ihrer arroganten Seite zeigte. Unter anderem nannte sie mich nicht frei von Spott ihren „letzten Strohhalm". Nachdem sie mir ihr Anliegen geschildert und ich zu ahnen begonnen hatte, dass sich hinter ihrer Arroganz eine bestimmte Form von Angst versteckt hielt, riskierte ich eine Frage, die mir nicht leicht – und gewiss nicht häufig – über die Lippen kam: „Kann es sein, dass eines Ihrer Probleme darin besteht, dass Sie feige sind?" Die Dame schluckte und wandte sich einer der vier Wände meines Praxisraumes zu. Dann sah sie mich mit klarem Blick an und sagte: „So! Nun möchte ich mit Ihnen arbeiten!" Die Gespräche führten zu einem sehr befriedigenden Ende. Von Feigheit konnte nicht mehr die Rede sein.

Warum nur habe ich diese schon so lange zurückliegende Begebenheit nicht vergessen? Ob ich an meine eigene Möglichkeit erinnert werde, unangenehmen Dingen auf charmante Art und Weise auszuweichen? Jedenfalls ist mir spätestens seit jenem Gespräch bewusst, welche Kraft darin liegt, mutig zu sagen, was man denkt.

ENTSORGEN SIE DIE SORGEN
Die Sorge ist ein besonders unangenehmes Phänomen. Sie bezieht sich immer nur auf Künftiges, nie auf Gegenwärtiges, nie auf das Leben *in* der Zeit. Sie unterhöhlt den Mut wie kaum ein anderes Ge-

fühl. Sie ist stets auf mögliche Barrieren, nicht aber auf die Möglichkeiten selbst ausgerichtet. Sie unterhöhlt den Mut, weil sie der Hoffnung den Blick auf mögliche Lösungen versperrt. Vor allem aber verhindert sie den Schritt vom Denken und Fühlen zum Handeln. Denn vieles, worum wir uns sorgen, könnten wir durch die Tat entsorgen. Und wie befreit man sich von diesem Gespenst?

- Indem ich meinen Verstand einschalte und mich frage, welche Relevanz meine Sorge tatsächlich hat.
- Indem ich mich frage, was schlimmstenfalls dabei – was es auch sei – herauskommen könnte.
- Indem ich das „Wesen" der Sorge durchschaue und mich dafür entscheide, zunächst nur stundenweise, dann einen Tag lang, später eine Woche etc. so weit wie möglich *gegenwärtig* zu leben, also nur auf das zu schauen, was hier und jetzt stattfindet.
- Darüber hinaus vertraue ich der Erfahrung, dass die meisten Dinge, die ich „besorge", nicht eintreffen.
- Vor allem aber: indem ich im Keller meiner Seele kräftig aufräume und im Besonderen

nach der Form der *Angst* suche, die sich im harmlosen Gewand der Sorge mitten in mein konkretes Leben einschleicht.

UNTERFORDERN SIE SICH NICHT

„Braucht die Maschine noch den Menschen?", fragte die Ingenieurpsychologin Charlotte von Bernstorff in einem aufregenden Artikel der „Psychologie heute".[24]

„Wenn das Navi erkennbar falsch liegt, folgen ihm dennoch viele Fahrer – bis in den See", schreibt sie. Das erschreckt mich.

Nicht erschrocken, sondern empört war ich, als mir kürzlich im Fernsehen mitgeteilt wurde, dass für Menschen meines Alters Autos so gestaltet werden sollten, dass Fehler zu machen praktisch unmöglich sei. Diese und viele andere innovative Glanztaten lassen mich fragen: Kann es sein, dass durch die rasanten Fortschritte im Bereich der Technik, der Medizin, der Pharmazie Menschen immer mehr *unterfordert* werden?

Denken Sie nur daran, wie viele sich wegen einer Erkrankung, der man mit einem Augenzwinkern begegnen könnte, ein ganzes Regal mit Medikamenten beschaffen. Dass sie für den kurzen Weg zum Supermarkt den großen „Brummer" aus der Garage holen. Dass sie für zwölf Treppenstufen einen Lift bemühen. Dass manche ihre Alten in Häuser abschieben, vor denen sie sich schon lange gefürchtet haben. Dass sich allen Ernstes manche ihr schönstes Fest von Hochzeitsexperten vorbereiten lassen.

Von den *Überforderungen* durch Stress ist mit Recht hinreichend die Rede. Doch scheint mir zu wenig bekannt zu sein, dass uns „die Maschine" mit ihren unterschiedlichsten Erscheinungsformen vieles abnimmt, was dazu führt, dass manche Ressourcen des Körpers und der Seele brachliegen. Mut zum Leben aber entwickelt man vor allem dann, wenn man *sich selbst* spürt, und das kann ich nur, wenn ich lebendig bleibe. Darüber wäre lange zu reden.

STEHEN SIE ZU IHREM SCHEITERN

Zu den großen Feinden des Mutes gehört die Angst, *trotz* eines mutigen Schrittes zu scheitern und von den „Leuten" belächelt zu werden. Was bedeutet Scheitern? Etwas durch und durch Menschliches. Scheitern ist ein Existenzial. Es gehört zu uns. Es bleibt unsere reale Möglichkeit. Wer deshalb sagt, er scheitere nie, kennt *sich* nicht. (Es muss ja nicht immer um Dramen gehen.) Deshalb ist das *Leugnen* des Scheiterns problematischer als das *Eingeständnis*. Das Eingeständnis des Scheiterns aber könnte ein erster Schritt zu neuer Freiheit werden. Warum?

Weil durch das Eingeständnis die Verdrängung des Scheiterns aufgehoben wird. Wird die Verdrängung aufgehoben, werden neue Kräfte frei, weil nichts mehr die Kräfte bindet als der Widerstand gegen das, was man Wahrheit nennt. Und: Wer sein Scheitern eingesteht, braucht nicht länger auf das zu sehen, was war. Er kann davon ausgehen, dass seine Lebensgeister ihre Schwingen zum nächsten Fluge auszubreiten beginnen. Er ist frei für die Gegenwart. Sein Leben ist wieder offen.

Ich vermute, dass viele Paartrennungen nicht so tränenreich, dramatisch, geradezu hässlich und zukunftszerstörend verliefen, wenn wenigstens einer der beiden Partner zu sagen wagte: *Ich* bin gescheitert. Doch weil das selten geschieht, gibt es viele Trennungen, die noch mehr Verletzungen hinterlassen als von der Partnerschaft selbst.

Sicher ist: Wer jedwedes Scheitern vermeiden möchte, wer nie an seine Grenzen geht und stets darauf bedacht ist, keine Fehler zu machen, bleibt dem starken Leben fern.

MUT ZUM HUMOR

Ein besonderer Bruder des Mutes ist der Humor. Humor ist mehr als gute Stimmung, ist jenes stille Lachen, das vom Herzen kommt und manchmal nur in Augenwinkeln sichtbar wird. Humor ist Ausdruck der inneren Freiheit, des inneren Abstandes zu sich und anderen, ist helle, warme Heiterkeit des Herzens, die viel Erfahrung hat und ganz viel davon weiß, dass Leben möglich ist, so oder so. Deshalb ist ein humorvoller Mensch kein ängstlicher, sondern ein mutiger, weil er zu unterscheiden weiß zwischen dem, was wirklich wichtig ist und was nicht. Weil er, wenn er einmal scheitern sollte, irgendwann über sich selbst zu lachen beginnt. Weil ihm so sehr daran liegt, dass er seine Tage so wenig wie möglich der Trauer überlässt.

Kann man Humor erlernen? Ja. Der erste Schritt dazu ist die Besinnung darauf, was wirklich wichtig ist im Leben – und was nicht. Das weniger Wichtige brauchen wir nicht allzu ernst zu nehmen. Und dann? Wir könnten lachen – jedenfalls über uns selbst!

Dafür müssten wir allerdings freier werden als bisher und uns nicht zu wichtig nehmen. Und dann? Wir könnten auf den Wegen der inneren Welt dem inneren Lebenskünstler begegnen. Er ist ein Symbol für das Zusammenspiel von Humor, Lebensklugheit und Leichtigkeit, den Fähigkeiten also, das jeweils Beste aus einer Situation zu machen. Ob jeder diese Gestalt in sich hat? Freilich, denn das Schmunzeln, das Lächeln, das Lachen gehört zu den schönsten menschlichen Eigenschaften.

Während ich diese Zeilen schreibe, drängt sich mir eine persönliche Erinnerung auf: Ich war bereits ein älterer Schüler, als ich eine Klassenarbeit in Mathematik zu schreiben hatte. Als ich die Aufgaben sah, erschrak ich zunächst, denn ich war dieser Aufgabe in keiner Weise gewachsen. Einige Minuten später sang ich kaum hörbar – Melodie und Text fielen mir ein – einen alten Schlager vor mich hin, den meine Mutter oft gesungen hatte: „Das kann doch einen Seemann nicht erschüttern, keine Angst, keine Angst, Rosmarie. Wir lassen uns das Leben nicht verbittern, keine Angst …" Die Wirkung war verblüffend: Die Angst verflog. In aller Ruhe wartete ich das Pausenzeichen ab.

MUT ZUR LIEBE

Warum nur denken wir so wenig darüber nach, wie sich mehr Liebe in die Welt bringen ließe? Ich meine die Liebe zwischen Partnern, zwischen Eltern und Kindern, von Nachbar zu Nachbar, von Mensch zu Mensch, von Volk zu Volk? Seltsam, dass auf allen Polit- und Kulturgipfeln über Bedeutendes gesprochen wird, nur nicht darüber. Dabei haben große Geister die Liebe gerühmt wie nichts anderes. Novalis zum Beispiel, der bedeutendste Lyriker der Frühromantik, sagt, die Liebe sei der Endzweck der Weltgeschichte. Also das Eigentliche, der Sinn, das Ziel des (nicht nur meines) Lebens! Martin Luther King, der große amerikanische Bürgerrechtler, sieht in der Liebe die einzige Kraft, die einen Feind in einen Freund verwandeln kann. Von dem bedeutendsten Politikum ist hier die Rede! Und der Begründer der Mathematik, Physiker und Philosoph Blaise Pascal setzt die Liebe an die Spitze der Werthierarchie und weist dem Willen und dem Verstand die unteren Plätze zu! Und ein wichtiger Mann unserer Tage, *Gerald Hüther*, Professor für Neurobiologie (eines seiner Bücher trägt den Titel „Die Evolution der Liebe"), antwortete in einem Interview auf die Frage, was denn Liebe aus neurobiologischer Sicht bedeute, sie sei die einzige Form von Beziehung, die *Entwicklung* ermögliche. Dann sagte er den Satz, der uns alle hellwach machen sollte: „Wenn man der Frage nachgeht, woher die Angst kommt, stellt man fest: Die Angst kommt aus Beziehungen. Wenn man dann weiterfragt, was denn das beste Heilmittel sei, kommt man sehr schnell zu der Frage, wo denn die Liebe geblieben sei ...“

Und was bedeutet Mut zur Liebe in der Partnerschaft?

Vor allem dieses:

Dieser Mensch, der meine Partnerin oder mein Partner ist, ist anders, ist von seinem *Wesen* her anders als ich. Wenn ich ihn liebe, dann meine ich sein Anderssein. Dann bestätige ich es. Dann will ich es. Dann will ich, dass er so ist, wie er ist. Dann will ich sein Sosein. Darin liegt der Hauptgrund für eine beglückende Partnerschaft.

Dieser andere Mensch hat ein Recht darauf, dass er so ist, wie er ist. Nehme ich ihm dieses Recht, dann verbiege ich ihn, dann störe oder zerstöre ich sein Wesen. Dann bringe ich ihn um das, was wesenhaft zu ihm gehört. Dann nehme ich ihm das Beste, was er hat. Dann nehme ich ihm seine Unverwechselbarkeit. Und mir selbst nehme ich den Grund für ein gutes gemeinsames Leben.

Wenn ich jedoch diesen Menschen in seinem Anderssein sehe und nehme, wie er ist, dann helfe ich ihm, sich selbst zu entwickeln und zu entfalten. Dann wird er das Beste aus sich heraus leben. Dann helfe ich ihm, lebensbejahend und liebesfähig und also ein ganzer Mensch zu werden. Und was er ausstrahlt, kann dazu führen, dass auch ich mein Wesen zu leben beginne.

Vielleicht auch noch das:

Nicht wenige Partner haben, obwohl sie sich lieben, mit dem schönsten Wort der Welt ihre „liebe" Not – die, die darauf warten, aber auch die, von denen es erwartet wird. Andere dagegen, die sich lieben, bringen ihre Liebe „nur" durch Gesten oder Handlungen zum Ausdruck und sind dabei glücklich. Wahrscheinlich jedoch sind die Herzen der meisten Menschen nie wärmer als dann, wenn der eine zum anderen sagt: „Ich liebe Dich." Wahrscheinlich sind ihre Gesichter nie schöner als dann, wenn der eine dieses Wort sagt und der andere es annimmt. Wahrscheinlich fließt für sie aus keinem Wort mehr Hoffnung, Kraft und Leben als aus diesem.

Was wäre, wenn die Liebe immer mehr an Bedeutung verlöre? Dann verlöre die Hoffnung ihre Strahlkraft. Dann zöge sich der Mut zurück. Dann verlöre die Verantwortung noch mehr als bisher an Attraktivität. Dann nähme die sogenannte soziale Kälte weiter zu. Dann nähme die Aggressivität in der Kommunikation weiter zu. Dann nähmen die psychosomatischen Erkrankungen weiter zu. Dann wäre die humane Kreativität gefährdet.

Kann man lernen, selber zu lieben? Ja. Ich kann lernen, selber zu lieben,

- wenn ich mich nicht scheue, die Frage danach, worin ich zu ichbezogen bin, ehrlich und konkret zu beantworten
- wenn ich aufhöre, *ständig* danach zu fragen, was mir zusteht, was ich brauche, was ich will – und damit beginne, mein vielleicht verdecktes oder abgespaltenes *Wohlwollen* dem Leben gegenüber mehr als bisher zuzulassen
- wenn ich zu ahnen beginne, dass alles, was lebt, eine tiefe Sehnsucht danach hat, *angenommen* zu werden
- wenn ich mich manchmal frage, was wohl wäre, wenn ich selbst zu denen gehörte, deren

Hauptanliegen darin besteht, andere und anderes immer mehr annehmen zu *wollen*.

MUT ZUM GLAUBEN

So manches Mal werde ich kritisiert, weil ich als Psychotherapeut in meinen Büchern „Gott" nicht ausklammere. Es gibt jedoch ein gewichtiges Argument: Wissenschaft muss sich all dessen annehmen, was sich zeigt. Und Göttliches – nennen Sie es meinetwegen Spirituelles – zeigt sich in Tausenden von Träumen und Wertimaginationen.[25] Also klammere ich „Gott" nicht aus. Darüber hinaus liegt mir dieses Thema besonders am Herzen, weil es um *Mut zum Leben* geht. Also:

Was oder wer ist ein kühner Mensch? Einer, der verwegen, mutig, wagemutig, ja dreist ist. Einer – das sagt die Begriffsgeschichte des Wortes kühn –, der versteht, worum es geht, der erfahren ist, möglicherweise weise. Einer, der aufs Ganze geht, der keine halben Sachen macht, der sich selbst und sein Leben ernst nimmt. Ein kühner Mensch widersetzt sich dem, was *man* denkt. Diesem „Man", das den Menschen von sich selbst entfremdet:

Man denkt so ...

Man spricht so ...

Man tut so ...
Man lebt so ...
Dieses „Man" ist eine Großmacht. Sie begegnet uns
überall.

Und was denkt man in dieser Zeit? Bitte erlauben Sie mir jetzt Einseitigkeiten: Dass der alte Gott, der persönliche, väterlich-mütterliche, der bergende, der vergebende, der souveräne keine Rolle mehr spielt, dass es einen neuen Gott gibt, nein, neue Götter mit konkreten Namen: Leistung, Erfolg, Geld, Energie, eine unpersönliche Spiritualität.

Gegen diesen Man-Menschen begehrte neben anderen Größen der Literaturgeschichte bereits der Dichter des kleinen Prinzen, Antoine de Saint-Exupéry, auf. In einem „Brief an einen General" schreibt er: „Ach, es gibt nur ein Problem, ein einziges in der Welt. Wie kann man den Menschen eine *geistige Bedeutung*, eine geistige Unruhe wiedergeben ... Sehen Sie, man kann nicht mehr leben von Eisschränken, von Politik, von Bilanzen und Kreuzworträtseln. Man kann es nicht mehr." Vor etwa 70 Jahren wurden diese Sätze geschrieben und sie sind aktueller denn je.

Auch der Mensch, der glaubt, der wirklich an Gott glaubt, – also nicht der, der sein Dasein vage für möglich hält –, ist ein kühner Mensch. Warum? Weil er Gott zur Mitte seines Lebens macht. Nichts aber ist kühner als dies: Sein Leben an etwas zu setzen, was man nicht sieht, was sich nicht messen oder beweisen lässt, wofür es keine Studie gibt. Und was oder wer ist Gott?

„Gott", so hat es Martin Buber einmal gesagt, „ist das beladenste aller Menschenworte. Keines ist so besudelt, so zerfetzt worden. Aber gerade deshalb darf ich darauf nicht verzichten." Was oder wen meine ich, wenn ich von „Gott" spreche? Ich meine mit „Gott" kein blässliches Weltprinzip, nicht ein „irgendwie Göttliches", eine bloß spirituelle Energie, auch nicht den harmlosen „lieben Gott" und schon gar nicht eine vom Himmel drohende tyrannische Macht, die uns die Hölle verspricht, wenn wir nicht so sind, wie wir sein sollten. Ich meine auch nicht den Gott, der als Lückenbüßer für Notsituationen fungieren soll, der dann ins Spiel kommt, wenn es „mulmig" wird. Den brauchen wir schon lange nicht mehr, weil aller Erfahrung nach viele Menschen in ihrem normalen Leben gut und gerne auch ohne ihn auskommen. Ich meine mit

„Gott", dass in, über und unter unserem Leben eine souveräne, zugleich gütige und keineswegs unpersönliche Macht herrscht, eine Macht, die *im Kern Person* ist, die unser Leben hält und lenkt und wärmt, auch wenn wir von ihr nichts zu wissen meinen, auch wenn wir sie oft in keiner Weise verstehen, auch wenn es so vieles im Leben gibt, von dem sich sagen ließe: Es gibt keinen Gott. Ich meine mit Gott ein DU, eine lebendige Wirklichkeit.

Was wäre, wenn dieser Gott Wirklichkeit wäre? Wenn *man* diesem Gott vertrauen könnte? Wenn er das zutiefst Bewegende und höchst Befreiende wäre. Warum? Weil Angst und Furcht letztlich keinen Grund mehr hätten. Weil das Leben einen Sinn hätte – das eigene und das große Leben überhaupt. Weil wir nicht mehr alles verstehen müssten, weil wir begreifen würden, dass seine Wege nicht unsere Wege sind. Weil wir den Tod nicht mehr fürchten müssten und damit Freiheit ins Leben einzöge.

Alle großen Dinge im Leben, die wir nicht messen oder beweisen können, setzen unser Vertrauen voraus, verlangen das Wagnis, dass wir uns auf sie einlassen. Das gilt für die Liebe, die Freiheit, den Sinn, vor allem für Gott. Doch wer es wagt, die Liebe, die

Freiheit, den Sinn oder Gott als eine *Gegebenheit* anzunehmen, wird die erstaunliche Erfahrung machen, dass sie da sind, dass es „diese Dinge" gibt, dass sie das Leben ungemein bereichern.

Dem Gott, von dem ich rede, Vertrauen zu schenken, gelingt nicht dem Verstand, denn er umfasst nur einen schmalen Ausschnitt des Lebens, und dieser Ausschnitt ist von hohen Mauern umgeben. Gott zu vertrauen gelingt nur dem Herzen. Von ihm hat der Begründer der mathematischen Wissenschaft, der zugleich ein berühmter Philosoph war, Blaise Pascal, gesagt: „Das Herz ist es, das Gott empfindet, und nicht die Vernunft. Darin besteht der Glaube. Das Herz hat seine Gründe, von denen die Vernunft nichts weiß ..."[26] An anderer Stelle sagt er, Menschen und menschliche Dinge müsse man kennen, um sie zu lieben. Gott und göttliche Dinge müsse man lieben, um sie zu kennen. Es geht darum, Gott zu fühlen. Wie aber fühlt man Gott?

Wenn ein Mensch Gott fühlt, erlebt er etwas, was für ihn mit keinem Erlebnis vergleichbar ist. Dann fühlt er auch sich selbst so wie in keiner anderen Situation, weil Gott selbst mit nichts im Leben vergleichbar ist. Wenn ich trotzdem nach einem Vergleich suche, dann finde ich ihn am ehesten im Gefühl eines Kindes, das auf dem Schoß der Mutter sitzt und sich geborgen fühlt – und nichts, aber auch gar nichts anderes braucht und will und wünscht als diese Gegenwart und Nähe, diese eine Hauptsache. Wenn ein Mensch Gott fühlt, erlebt er sich abhängig wie sonst nie im Leben und doch zugleich geborgen und frei wie sonst nie. Er fühlt, dass gerade sein Angewiesensein auf Gott ihm jene Unabhängigkeit in seiner Welt verschafft, nach der er sich so lange sehnte.

Vielleicht sagen Sie: Ist das nicht eine Zumutung, den Kopf auszuschalten und sich an etwas hoch zu glauben, das vielleicht, wahrscheinlich, sicher nichts anderes ist als der Wunsch des Menschen, den er auf den Himmel projiziert? Ach, wie oft haben Menschen diesen Satz gesagt! Und niemand ist in der Lage gewesen, ihn ernsthaft zu widerlegen. Aber: Es ist keineswegs so, dass der an Gott glaubende Mensch auf sein Denken verzichten müsste. Wer Gott fühlt, beginnt, sich selbst und das Leben *in einem anderen Licht* zu sehen. Ihm gehen Zusammenhänge auf, die er nie zuvor begreifen konnte. Es ist – verzeihen Sie den schlichten Vergleich –, wie wenn ein Mensch zum ersten Mal die große

Liebe erfährt. Alles, aber auch alles erscheint weiter, tiefer, größer – und unverständlich. Aber er liebt!

Gibt es konkrete Wege, um Gott näher zu kommen? Mit dem Glauben ist es wie mit der Liebe. Beide lassen sich nicht herstellen. Die Liebe begegnet uns, der Glaube auch. Wenn uns die Liebe begegnet, dann nur, wenn wir ihr entgegenkommen und sie suchen, mit ganzem Herzen, mit ganzer Seele ... Sie wissen schon ...
Wie geht das?

- Die Stille suchen, denn in den Tiefen der eigenen Seele wird die Sehnsucht nach Gott fühlbar – und vielleicht auch er selbst.
- Lieben, selber lieben, denn in der Liebe zeigt sich Gott.
- Überwinden, was uns an unserem ureigenen Leben hindert, denn Gott begegnet uns nicht im Trüben.
- Menschen fragen, die Erfahrung mit Gott haben, doch nicht jene, die uns belehren wollen, eher jene fragen, die nicht viel dazu sagen, denn nicht selten sind sie es, die uns viel mitteilen.

- Jenes Buch lesen mit seiner Auflage von 3 Milliarden, denn es ist voll von Weisheiten und Wegen zum Leben. Auch den Teil über Jesus? Auch den. Warum? Weil er die Welt verändert hat. Und vergessen Sie nicht, dass vieles, was in diesem Buch kurios erscheint, Sinn-Bilder verborgener Wahrheiten sind.

NEU BEGINNEN!

Und wenn ich den Mut zum Weiterleben verloren habe?, könnte jemand fragen. Wenn ich durch meinen Stress vollkommen ausgebrannt bin? Wenn ich mit einer niederschmetternden Diagnose lebe? Wenn mich mein Mann/meine Frau verlassen hat? Wenn ich auf meinen Rollstuhl angewiesen bleibe? Wenn ich durch böswillige Gerüchte meinen guten Ruf verloren habe? Wenn das an mich adressierte Kündigungsschreiben tatsächlich mich meint? Wenn ich von einer alten Schuld nicht loskomme? Wenn ich mich vergeblich um ein anständiges Selbstwertgefühl bemüht habe? Wenn Zweifel sich zur Verzweiflung ausgewachsen haben, wenn die Not so groß ist, dass die Hoffnungslosigkeit die Seele ganz in Anspruch nimmt und der Mut sich nicht mehr zu erheben wagt –, gäbe es dann wirklich die Möglichkeit eines Neunbeginns?

Wann wäre es vernünftig, die weiße Fahne zu hissen und zu sagen: Hört auf mit Eurem Gerede von Hoffnung! Erzählt mir nicht, „das" gehe schon vorbei, ich solle erst zur Ruhe kommen. Erspart mir Euer Gerede, ich sei ja stark und werde auch dieses Problem meistern. Die Zeit würde die Wunden heilen. Die Wissenschaft mache große Fortschritte. Lasst mich in Ruhe mit Eurer Hoffnung!

Die weiße Fahne hissen, kapitulieren, resignieren, nicht mehr wollen, mich mir selbst und dem Leben verweigern – „darf" und kann ich zu jeder Zeit, an jedem Ort, in jeder Situation. Dazu habe ich, weil es um *mein* Leben geht, nicht nur das Recht, sondern auch die Freiheit, ja, das Recht auf diese Freiheit, die neben der Liebe das Menschlichste im Menschen ist.

Ob es jedoch *sinnvoll* wäre, einen Neubeginn zu verweigern und in die Resignation zu gehen? Es gibt zweifelsfrei Schicksale seelischer oder körperlicher Art, die mich verstummen lassen. Ihnen gegenüber von Mut zu sprechen, könnte sogar zynisch sein. Doch Sie, liebe Leserin, lieber Leser, denen es möglicherweise zurzeit nicht gut geht, auch weil sie den Mut verloren haben – vielleicht könnten Sie ihn wiederfinden. Da ich Sie und Ihre Problematik nicht kenne, kann ich allerdings nur einige allgemeine Gedanken äußern:

- Wenn man in Not ist, muss man *tiefer graben* als das, was so bedrängend und bedrückend ist. Dazu gehört zum Beispiel die Frage: Habe ich alle äußeren und inneren Möglichkeiten, die mir zur Verfügung stehen, mobilisiert, um mein Problem zu lösen? Nach vielen Gesprächen ging mir irgendwann auf, dass insbesondere die jene Menschen, die nicht mehr leben wollten, viele reale Aus-Wege aus der Not noch nicht gegangen waren.
- Betrifft das, worunter Sie leiden, die *Hauptsache* in Ihrem Leben? Wenn es sich *nicht* um Ihre Hauptsache handelt – ist Ihnen bewusst, dass Sie *sie* nicht verloren haben?
- Wer sein Leid selbst zu gestalten beginnt, fragt danach, woher es kommt und – noch viel wichtiger! – *wozu* es da ist. Vor allem fragt er danach, wie er trotz seiner Not innerlich *lebendig* bleiben kann.

- Eine gelähmte Psychologin konnte irgendwann nicht mehr ihr Bett verlassen. Selbst den geliebten Baum vor ihrem Fenster sah sie nicht mehr. Doch als ein Reporter sie fragte, ob sie deshalb nicht unglücklich sei, antwortete sie: „Wenn ich nicht mehr in die Weite sehen kann, so kann ich doch nach wie vor – und das wird mir bleiben – in die *eigene Tiefe* sehen."
- Bitte lesen Sie noch einmal den Abschnitt über die Hoffnung.

EINMAL LEUCHTEN DIE STERNE OHNE MICH

Als ich jung war, sah ich an vielen Abenden zum Himmel hinauf. Für die Namen der Sterne interessierte ich mich nur wenig. Umso mehr liebte ich ihr Leuchten. Mir wurde ganz weit ums Herz, wenn ich mir vergegenwärtigte, dass sie ihr Licht aus den Tiefen des Himmels schickten. Nie wäre ich an diesen Abenden auf die Idee gekommen, dass sie einmal ohne mich leuchten werden.

Nun sagt mir das Leben, ich sei alt geworden. Es fällt mir nicht leicht, mir die Jahre zu vergegenwärtigen, die ich noch leben darf. Die Tatsache jedoch, dass in absehbarer Zeit der Grenzfluss meines Lebens in Sicht kommt, macht mich hellwach für die Zeit, in der ich jetzt lebe. Doch ich bekenne, wäre mir die Begrenztheit meines Daseins eher bewusst gewesen, hätte ich weit mehr Stunden als bisher mit gutem Leben gefüllt. Doch noch leuchten die Sterne.

Und der Tod? Engt nicht der Gedanke an ihn die Freude am gegenwärtigen Leben ein? Nur dann, wenn ich nicht begreife, was der Stoiker Epiktet gesagt hat: „Nicht die Dinge selbst beunruhigen Menschen, sondern die Vorstellungen von den Dingen. So ist der Tod nichts Furchtbares – nein, die Vorstellung vom Tod, er sei etwas Furchtbares, das ist das Furchtbare." Und was ist meine „Vorstellung von den Dingen"? „Ich weiß nicht, was kommt", sagte vor langer Zeit mein weiser Chef Helmut Thielicke, „aber ich weiß, wer kommt." Das ist auch mir genug.

JEDER TAG IST EIN KLEINES NEUES LEBEN
Jeder neue Tag ist ein neues Stück Leben. Am Anfang jedes neuen Tages bin ich noch nicht ausgewichen. Am Anfang jedes neuen Tages wartet der Mut darauf, dass ich ihn *aus mir heraus* ins Leben rufe. Heute am Morgen wartet mein Geist darauf,

dass ich ihn nicht enttäusche. Heute am Morgen ruft er mich wieder in die Freiheit. Heute am Morgen ist Zeit, das Beste aus mir heraus zu leben. Warum kann das sein? Weil mir und jedem anderen Menschen auch der Mut zum Leben mitgegeben wurde. Doch es kommt niemand von uns darum herum: Das Problematische drängt sich von selbst auf –, das Wertvolle müssen wir suchen.

WARUM NICHT –

ÜBER DIE MÖGLICHKEIT DES UNMÖGLICHEN

Ich beende dieses Buch in den Tagen, in denen der Tod Nelson Mandelas die gesamte Welt bewegt. Was hat diesen Menschen so ungemein populär gemacht? Die Stimmen aus aller Welt sind sich einig: sein Friedenswille, seine Versöhnungsbereitschaft, sein Durchhaltevermögen, sein Charisma. Sein Charisma? Ich sehe ein Bild vor mir aus den Fünfzigerjahren: ein Gesicht voll Wut, Trotz, entschlossen zum Kampf; alles andere als das Gesicht eines Charismatikers. Ich denke an einen Satz, den er immer wieder sagte: Er sei ein „Sünder". Er wäre der letzte gewesen, der sich selbst einen Heiligen genannt hätte. Dann das andere Bild: dieses gütige Lächeln, diese Weisheit, dieses bescheiden anmutende Selbstbewusstsein, diese Ausstrahlung, die ahnen lässt, wer der Mensch auch sein kann.

War Mandela ein vom Leben Begünstigter? Seine Lebensgeschichte ließe eine solche Deutung nicht zu. Hatte er ein ungewöhnlich positives Naturell? Mag sein. Aber sein Geheimnis scheint mir ein anderes zu sein: Er hatte eine *Vision*! Er wollte die Rassentrennung überwinden. Und er wusste, dass allein Versöhnung der Weg zu diesem Ziel war. Und weil er dieser Idee treu blieb, entfalteten sich in ihm die besten Seiten seiner Persönlichkeit. Und so schuf er die Möglichkeit des Unmöglichen. Sein Geheimnis war eine starke Vision: Alle Menschen sind gleich viel wert, deshalb haben alle die gleichen Rechte. Der Weg aber zu diesem Ziel heißt *Versöhnung*. Denn „wer Hass verspürt, kann nie frei sein." Auf diese Vision, diesen zentralen Wert war sein Leben ausgerichtet. Und weil er seiner Vision treu blieb, lernte er seine eigene Größe kennen. Das war der Grund, warum er überhaupt groß auch vom Menschen denken konnte.

Nelson Mandela bleibt ein Vorbild. So wie er *wurde*, können Menschen sein. Deshalb geht es nicht darum, dieses Vorbild nur zu bestaunen, nur zu verehren, sondern darum, uns von ihm *ermutigen* zu lassen, uns nicht zu fixieren auf die Um-Stände, unter denen wir leben, auf die Schwächen, die wir haben und gewiss zum Teil behalten werden. So, wie er war und wie sein Leben verlief, ermutigt er uns, die „größere Person" in uns zu entdecken, danach zu suchen, worin *unsere* Aufgabe im Leben besteht und uns zuzutrauen, sie auch erfüllen zu können. Den Mut und die Kraft dazu gewinnen wir nicht primär durch Selbstreflexion, sondern durch Selbstbesinnung und konkrete Ausrichtung auf das, was *unsere* Aufgabe im Leben ist.

ANMERKUNGEN

[1] C. Otto Scharmer: Von der Zukunft her führen, Heidelberg 2013, 3. Auflage, S. 27

[2] Ebd., S. 26

[3] Ebd., S. 37

[4] Ebd., S. 40

[5] Zitiert in Volker Kitz: Die 365 Tage-Freiheit, Pößneck 2012, S. 9

[6] Vgl. hierzu mein Buch: Worauf es ankommt. Werte als Wegweiser, Abschnitt: Warum wir nicht tun, was wir wollen – Vom inneren Gegenspieler, München 2013, S. 97 ff.

[7] Vgl. hierzu mein Buch: Begeisterung fürs Leben. Die Kraft deiner Gedanken, Hamburg 2013, S. 40 ff.

[8] Werner Bartens: Körperglück. Wie gute Gefühle gesund machen, München 2010

[9] Sigmund Freud: Gesammelte Werke, Band X, S. 113, zitiert in: Viktor E. Frankl: Ärztliche Seelsorge. Grundlagen der Logotherapie und Existenzanalyse, 14. Aufl., Frankfurt a.M. 1987, S. 102

[10] Aljoscha A. Schwarz, Ronald P. Schweppe: Die Philosophische Hausapotheke. Rezepte und Strategien von Konfuzius bis Schopenhauer, München 1999, S. 33

[11] Arnold A. u. Clifford N. Lazarus: Der kleine Taschentherapeut, Stuttgart 1999, S. 51 f.

[12] Vgl. hierzu mein Buch: Worauf es ankommt, S. 73 ff.

[13] Vgl. hierzu mein Buch: Du bist viel mehr. Entdecken Sie Ihre Furchtlosigkeit, Salzburg 2012

[14] Romano Guardini: Über das Wesen des Kunstwerks, Stuttgart/Tübingen 1948, 3. Auflage

[15] Karlfried Graf Dürckheim: Durchbruch zum Selbst, Bern 1997, S. 156

[16] Gemeint sind sowohl die von mir begleiteten Einzelimaginationen als auch die aus Gruppen- und Supervisionssitzungen.

[17] Ernst Bloch: Prinzip Hoffnung, Frankfurt a.M. 1973

[18] Viktor E. Frankl: Der Mensch vor der Frage nach dem Sinn, München 2005, 18. Aufl., S. 236 f.

[19] Name geändert.

[20] Viktor E. Frankl: … trotzdem Ja zum Leben sagen. Ein Psychologe erlebt das Konzentrationslager, München 2008, 29. Aufl., S. 67

[21] Vgl. hierzu mein Buch: Machen Sie sich bitte frei. Entdecken Sie Ihre Furchtlosigkeit, Salzburg 2012

[22] Viktor E. Frankl: Gottsuche und Sinnfrage, Gütersloh, 2011, S. 117 f.

[23] Ebd., S. 120

[24] Psychologie heute, April 2013, S. 44 ff.

[25] Vgl. hierzu mein Buch: Gottesleuchten. Begegnungen mit dem unbewussten Gott in unserer Seele, München 2007

[26] Blaise Pascal: Das Herz hat Gründe, die der Verstand nicht kennt. Schöne Gedanken, Wiesbaden 2012, S. 145

ANHANG

KURZE
EINFÜHRUNG
IN DIE WERTORIENTIERTE
PERSÖNLICHKEITSBILDUNG

1. Wertorientierte Persönlichkeitsbildung (WOP®) ist ein neuer, *eigenständiger*, dritter Weg neben krankheits- und konfliktorientierter Psychotherapie und Beratung. Sie ist dem Bereich der Erwachsenenbildung zuzuordnen.

2. Charakteristisch für das *Menschenbild* der WOP ist ihre Konzentration auf die geistige Dimension mit ihren Aspekten Wert, Sinn, Freiheit, Verantwortlichkeit und Liebe. Ein weiteres Charakteristikum ist die Betonung des unbewussten Geistes als *Basis* menschlicher Existenz.

3. WOP ist *Bildungsarbeit an der Persönlichkeit* nicht kranker Menschen. Sie arbeitet an der Weiterbildung *geistiger* Potenziale. Sie ist geistig-emotionale Begleitung *gesunder* Menschen auf dem Weg zu sich und anderem Leben, zum Sinn und Grund des Seins. Daher stellt WOP darüber hinaus eine der wesentlichen *Voraussetzungen* für die Prävention seelischer und körperlicher Erkrankungen dar. Denn:

4. *Wertleeres* Leben erzeugt Sinnkrisen und, wenn sie andauern, möglicherweise Krankheiten an Kör-

per und Seele. *Wert- und daher erfülltes* Leben ist sinnvolles Leben und daher Grund für Lebensbejahung und Widerstandskraft.

5. WOP ist *keine* Therapie, also keine Krankenbehandlung. Sie ersetzt keine psychotherapeutische und medizinische Behandlung. Sie stellt daher keine Diagnosen, arbeitet nicht an neurotischen Widerständen und vereinbart keine Heilungsziele.

6. Nicht jedes Leid ist krankhaft zu nennen. Deshalb ist zwischen *krankhafter* und *existenzieller* Problematik zu unterscheiden. Viele Probleme sind Ausdruck von Leiden am *Leben* und werfen daher die wichtigsten *existenziellen* Fragen auf: nach Wert und Sinn, nach Halt im Leben und nach Gott.

7. Für die WOP ist Problemorientierung nicht unwichtig, wichtiger und entscheidend ist die *Wertorientierung*. Daher sieht sie Menschsein als Herausforderung zur Menschwerdung.

8. Die wichtigsten *Methoden* der WOP sind die Wertimagination, das wertorientiert interpretierte Enneagramm sowie das wertorientierte Gespräch.

Gemeinsame Grundlage der drei Methoden ist das wertorientierte Menschenbild.

9. Ihre konkreten *Aufgaben* sieht die WOP *allgemein* in der Ausbildung zum Mentor/zur Mentorin für Persönlichkeitsbildung, in der Hilfe zur Weiterbildung der Persönlichkeit und ihrer Widerstandskraft –, *speziell* in der Hilfe bei Lebens- und Sinnkrisen in ihren vielfachen Erscheinungsformen, zum Beispiel bei Selbstwertproblematik, Sinnzweifeln, Krisen des Wachstums, der Lebensmitte, der Lebenswende und des Alters, bei Erziehungskonflikten, Partnerschafts- und Beziehungsschwierigkeiten, bei Lebens- und Sterbensangst, Verlust, Trauer, irreversiblem Schicksal.

10. Seit 2013 werden alle Tätigkeiten der *Europäischen Akademie für Persönlichkeitsbildung Salzburg* in der SCHULE DES LEBENS nach Uwe Böschemeyer® zusammengefasst.

VON DER KRAFT DES UNBEWUSSTEN GEISTES

UND DEM ZUGANG ZU IHM

(Grundzüge der Wertimagination)

Liebe Leserinnen und Leser,

was ich Ihnen jetzt vorstelle, würde ich lieber mit Ihnen praktizieren, weil es bekanntlich ein Unterschied ist, ob ich über ein Bild spreche oder es anschaue, ob ich ein Konzert *vor* oder *im* Konzertsaal selbst höre. Das gleiche gilt für die Erfahrung der Wertimagination, deren Grundlage der „unbewusste Geist" (Frankl) ist.

Als ich diesen Begriff im Sommer 1971 zum ersten Mal in Wien hörte, fand ich ihn interessant, doch war mein Interesse vorwiegend theoretischer Art. Welche Bedeutung er für meine spätere Arbeit und sogar für mein persönliches Leben bekommen sollte, erfuhr ich erst, als ich den Bildern des unbewussten Geistes selbst begegnete. Zunächst aber:

WAS IST DAS UNBEWUSSTE?
Keine Erfindung der Psychologie. Kein abseitiges Thema weltfremder Zeitgenossen.

Nichts, was man trotz seiner (scheinbaren) Unsichtbarkeit übersehen dürfte. Nichts, was man messen oder erklären könnte. Nichts, was unwichtig wäre, im Gegenteil!

Das Unbewusste ist der seelische Bereich in uns, zu dem unser Bewusstsein keinen unmittelbaren Zugang hat. Es ist die Welt in uns, die der Verstand nicht ergreifen, geschweige denn begreifen kann, weil sie sich rationaler Logik entzieht. Man kann es allenfalls – und das nur nach reichlicher Selbsterfahrung – zu verstehen *beginnen*.

Das Unbewusste ist das, was unserem Bewusstsein zum Beispiel in Gedankenblitzen und Einfällen, Ahnungen und Visionen, Stimmungen und inneren Schmerzen – was uns über Erinnerungen, Träume und innere Wanderungen, also Imaginationen (imago, lat.- das Bild) nahekommt. Das Unbewusste ist die uns nicht bewusste Welt der Seele, deren Mitte der unbewusste Geist ist, der gleichbedeutend ist mit Blaise Pascals „Logik des Herzens".

Jedes Land hat seine eigene Sprache. Wer ein fremdes Land kennenlernen will, tut gut daran, sich mit dessen Sprache vertraut zu machen. Das gilt auch für das uns unbewusste Land. Wer es näher kennenlernen möchte, sollte sich deshalb so weit wie möglich mit *seiner* Sprache vertraut machen. Von der Bewusstseinssprache hat A. Rosenberg gesagt: „Zu arm ist die menschliche Sprache, um die Fülle der Ahnungen, welche der Wechsel zwischen Leben und Tod wachruft, zu kleiden. Nur das Symbol und der sich ihm anschließende Mythos können diesen Bedürfnissen genügen. Das Symbol weckt Ahnungen, die Sprache kann nur erklären. Das Symbol schlägt alle Saiten des menschlichen Geistes zugleich an, die Sprache ist genötigt, sich immer nur einem einzigen Gedanken hinzugeben. Bis in die tiefsten Geheimnisse der Seele treibt das Symbol seine Wurzel, die Sprache hingegen berührt wie ein leichter Windhauch die Oberfläche des Verständnisses ... Nur dem Symbol gelingt es, das Verschiedene zu einem einheitlichen Gesamteindruck zu verbinden. Die Sprache reiht Einzelnes aneinander und bringt das Unsagbare immer nur stückweise zu Bewusstsein."[1] Die Sprache des Unbewussten ist eine Bildersprache.

WAS SIND INNERE BILDER?
Mögen Sie, bevor Sie weiterlesen, an einen Traum denken, den Sie nicht vergessen können? Zum Beispiel an den, in dem Sie Ihr eigenes Gesicht in einem großen Spiegel sahen. Wie staunten Sie über Ihre Ausstrahlung! Oder: Vielleicht erinnern

Sie sich an jenen Verfolgungstraum, in dem eine schreckliche Gestalt Sie durch die Stadt jagte.

Jeder Mensch hat innere Bilder. Wir kennen sie aus Nachtträumen. Wir sehen sie, wenn wir aus dem Schlaf in den Wachzustand gleiten. Sie sind uns aus Tagträumen und Visionen vertraut. Sie springen uns an, wenn Ideen sich ihrer bedienen. Sie begegnen uns, wenn uns Vergangenes einfällt. Jede Seele hat die Tendenz, das, was in ihr vorgeht, in anschauliche Bilder, zum Beispiel in bestimmte Landschaftsformen, in tierische, menschliche oder menschenähnliche Gestalten oder auch in Geschichten zu übersetzen. So entstanden Mythen, Märchen, so entstehen Träume und Imaginationen.

Die inneren Bilder sind die *Brücke* zwischen Bewusstsein und Unbewusstem. Sie haben daher Mittlerfunktion zwischen beiden Welten. Das bedeutet, dass die viel ersehnte Ganzheit des Menschen erst dann Wirklichkeit werden kann, wenn die Bilder des Unbewussten das Bewusstsein um das *ergänzen*, was dem Bewusstsein bislang fremd war.

Innere Bilder sind Symbole, Sinn-Bilder, die in komplexer Weise innere Wirklichkeiten zusammenfassen. Sie haben eine doppelte Funktion: Zum einen sind sie sichtbare Zeichen einer unsichtbaren Wirklichkeit, in denen sich das Leben selbst ausspricht, unverstellt und unmittelbar, also *Botschaften* der Seele. Zum anderen sind sie *energetische Kraftfelder* mit „positiven" oder „negativen" Vorzeichen, bildhafter Ausdruck der inneren Kräfte, der bedrohenden ebenso wie der beglückenden, der sinnverweigernden ebenso wie der sinnvollen.

WAS SIND IMAGINATIONEN?

Imaginationen sind bewusste Wege zu den inneren Bildern des Unbewussten. Sie sind die *Folge* eines im Unbewussten ständig ablaufenden inneren „Gesprächs". Dieses Gespräch ist kein abstraktes, sondern ein bildhaftes. Es ist mit dem zu vergleichen, was wir aus Träumen und Märchen kennen, allerdings mit dem Unterschied, dass der Imaginand die im Unbewussten sich zeigenden Bilder *bewusst* erlebt.

Weil die Bilder farbig, plastisch und gefühlvoll sind, kommt der Imaginand seinen unbewussten Vorgängen sehr nahe. Er sieht, hört, riecht, schmeckt, tastet, spürt und fühlt, was ihm begegnet. Weil die Bilder auf ihn *zukommen*, kann er sich ihnen nur schwer entziehen. Er erlebt sie so intensiv, dass er zur existenziellen Auseinandersetzung mit ihnen herausgefordert wird. Nimmt er die Herausforderung an, weicht er nicht aus vor dem, was ihm die Bilder zeigen, wird er zum Handelnden, dann verändern sich die Bilder und damit die Gefühle und Gefühlskräfte, die destruktiven und die konstruktiven, die sinnverweigernden ebenso wie die sinnstiftenden.

WAS IST DER UNBEWUSSTE GEIST?

Für meinen Lehrer Viktor Frankl bedeutete Menschsein *Herausforderung zur Menschwerdung.* Voraussetzung dafür war seine Überzeugung, dass *Menschsein heißt, sich verändern zu können.* Grundlage dieses Hoffnung schaffenden Ansatzes war seine Theorie vom unbewussten Geist, den er die „Quell- und Wurzelschicht aller bewussten Geistigkeit"[2] nannte. Sie war für ihn der Dreh- und Angelpunkt seines Menschenbildes. Sie war und ist zugleich der Grund der von mir entwickelten Wertimagination. Schon lange hatte mich die Frage nach dem Weg vom Erkennen zum Fühlen bis hin zum Handeln beschäftigt wie kaum eine andere. Hier nun – in der Theorie vom unbewussten Geist – schien die Lösung zu liegen.

Was meint dieser Begriff?

Viktor Frankl wurde nicht müde zu sagen, Sigmund Freud habe das Unbewusste dem Triebhaften gleichgesetzt, er dagegen unterscheide zwischen „triebhaft Unbewusstem" und „geistig Unbewusstem". Und diese Unterscheidung hatte in der Tat tiefgreifende Folgen: Wenn nämlich der bewusste Geist im unbewussten Geist seinen Grund hat, so schlussfolgerte Frankl, dann ist das *Wesen* des Menschen primär durch seine *geistige* Emotionalität, also durch seine geistige *Gefühlswelt* bestimmt. „Das Gefühl (aber) kann viel feinfühliger sein, als der Verstand jemals scharfsinnig sein möchte."[3]

Schauen wir uns den unbewussten Geist genauer an:

Unbewusster Geist – ich sage es mit meinen Worten – ist der Bereich des Unbewussten, in dem zum Beispiel die Freiheit, die Verantwortlichkeit, die Liebe, die Hoffnung, der Mut, die Intuition, die Kreativität, das Ästhetische, das Künstlerische, die Spiritualität, in dem alle anderen spezifisch menschlichen Werte verankert, verwurzelt, begründet sind. Er ist der „Raum" des wartenden Lebens, in dem die *realen* Möglichkeiten für Identitäts- und Sinnerfahrung liegen. Anders: Es gibt einen Bereich im Unbewussten, in dem all das in uns angelegt ist, was wir werden könnten: freie, verantwortliche, liebende, hoffende, mutige, intuitive, kreative Menschen. Und das kann gelingen, weil der unbewusste Geist keineswegs nur tiefere Erkenntnisse symbolisiert. Er ist auch das stärkste *Energiezentrum*, zu dem wir Zugang haben. Er ist die *schöpferische, gestaltende Kraft*, von deren Wirksamkeit vor allem abhängt, in welcher Weise wir leben.

In ergreifender Weise bestätigen die Wertimaginationen auch die Franklsche These vom „unbewussten Gott"[4]: dass Gott von *jedem* Menschen immer schon intendiert sei, dass jeder Mensch eine, wenn auch noch so unbewusste, intentionale Beziehung zum Göttlichen habe. Sie bestätigen, dass die im unbewussten Geist verwurzelte Religiosität alles andere als ein Luxusthema ist, vielmehr Grund für vertiefte Sinnerfahrung. Ich komme am Ende des Buches darauf zurück.

WAS SIND WERTIMAGINATIONEN?[5]

Auf meine Frage, was die in Wertimaginationen erfahrenen inneren Bilder bedeuten, erhielt ich von Teilnehmern zweier Gruppen folgende Antworten:

Innere Bilder verbinden uns mit dem Ursprünglichen. – Sie sind die Landkarte der Seele. – Sie sind geheimnisvoll. – Sie sind Botschaften der Seele. – Sie sind Fenster zur Ewigkeit. – Sie geben Orientierung in Raum und Zeit. – Sie sind nicht etwas vom Leben, sondern das Leben schlechthin. – Alles Leben bildet sich in ihnen ab. – Sie sind der Spiegel des Lebens. – Sie wirken erst dann, wenn wir ihnen nicht in Distanz begegnen. – Sie sind Wirklichkeiten. – Sie sind Qualitäten eigener Art. – Sie gehören zu uns, aber sie gehören uns nicht. – Sie sind etwas spezifisch Menschliches. – Sie transzendieren unsere Wirklichkeit. – Bestimmte Bilder sind ein Symbol für das Unbegrenzte der Seele. – Ich bin die Bilder. – Sie sind viel mehr als ich. – Sie sind ein dynamisches Spiel innerer Kräfte. – Ich sehe in sie hinein und darüber hinaus. – Sie spiegeln alle Körperteile wider. – Sie sind greifbare, fühlbare Körperlichkeit. – Ich kann sie anfassen, aber sie sind nicht fassbar. – Sie sind wahr, sie lassen keinen Zweifel zu. – Sie schaffen Verbindung zur Tiefe. – Ich mache sie nicht, ich bekomme sie geschenkt. – Sie beziehen sich auf Vergangenheit, Gegenwart und Zukunft. – Sie setzen die Zeit außer Kraft. – Sie sind selbstständig. – Sie sind weise und lebendig. – Sie sind heilsam. – Sie sind gewaltig. – Sie beleben die Sinne, sie beleben mich. – Ich scheine der Bildschirm zu sein. – Sie konfrontieren mich mit eigenen Wahrheiten, die ich sonst nicht zulassen würde. – Sie kommen aus meinem Seelengrund. – Sie sind vor mir da, werden auch nach mir sein. – Ich bin das Gefäß, das sie trägt. – Ob ich sie haben will oder nicht – sie sind trotzdem da.

Frankls Basiskonzept vom unbewussten Geist veranlasste mich, noch zu seinen Lebzeiten seine *Theorie* des unbewussten Geistes in die *Praxis* zu übersetzen. Daher verstehe ich Wertimaginationen als bewusste „Wanderungen" zum unbewussten Geist. Ihre Inhalte fasse ich so zusammen:

• Entscheidend sind nicht die vom Bewusstsein vorgestellten oder eingebildeten, sondern die vom unbewussten Geist *ausgebildeten* Bilder. Sie werden nicht gemacht, sondern *erwartet*. So wird eine manipulative Veränderung von vorgestellten, eher bewusstseinsnahen Bildern vermieden. Deshalb kann sich der Klient relativ unabhängig vom Psychotherapeuten/Mentor entwickeln. Seine Eigenständigkeit wird gefördert, so dass er Verantwortung für sich selbst übernehmen kann.

• *Alles* Menschliche, auch das Körperliche – kann sich in inneren Bildern zeigen. Zentral für die Wertimaginationen sind die im unbewussten Geist erscheinenden Bilder der *spezifisch menschlichen Werte*, die sich nicht nur in Symbolen, etwa der Freiheit, der Verantwortlichkeit, der Liebe, der Hoffnung zeigen, sondern auch als Gestalten. Ich nenne sie *Wertgestalten.* Daher begegnen wir, wenn wir uns auf sie einstellen, ausrichten, auf sie „zuwarten", den Inneren Freien, den Verantwortlichen, den Liebenden, den Hoffenden, den Lebenskünstlern (jeweils männlich und weiblich) und vielen anderen Wertgestalten mehr. So kennen wir zum Beispiel auch die Lebensbejaher (ich nenne sie die Verbündeten), die Wahrheitsfinder (die Gestalt gewordene innere Stimme), die Kreativen, die Sinnfinder, die Tatkräftigen, die Heilenden, die Vitalen, die Energiegeladenen, die Geistvollen, die Verzeihenden, die Versöhner, die Friedensstifter.

Wenn die Wertgestalten auf der inneren Bildfläche erscheinen, bewirkt die Begegnung mit ihnen, weil sie plastisch, unmittelbar und gefühlvoll erscheinen, eine höchstmögliche kognitive, emotionale und energetische Annäherung an die Werte, die sie symbolisieren. Und in dem Maße, in dem der Imaginand mit ihnen vertraut wird, bilden sich durch die Beziehung zu ihnen *Identität, Sinn, Kreativität*. Im Verlauf weiterer imaginativer Prozesse entfaltet sich die Fantasietätigkeit und damit die Fähigkeit, *Problemlösungen* zu finden, die dem Bewusstsein bisher verborgen waren.

Eine besonders wichtige Wertgestalt möchte ich Ihnen vorstellen: die Inneren Verbündeten.
Fast immer zeigen sich die Verbündeten als helle Gestalten mit weißem Gewand. Sie haben eine warme und wohlwollende Ausstrahlung. Oft heißen sie den Imaginanden mit offenen Armen willkommen.

Sie wirken gütig, freundlich, versöhnlich, liebevoll, frei, kraftvoll, selbstbewusst, verständnisvoll, Vertrauen erweckend. Das vor allem Befreiende: Die Verbündeten beschönigen nicht die manchmal zutreffenden Vorwürfe des die Lebensverneinung symbolisierenden *Gegenspielers* (von ihm wird gleich die Rede sein), sondern stellen sie in einen weiten, verstehbaren Zusammenhang.

Die Verbündeten pochen nicht auf Regeln oder Gesetze, sondern gehen von der Selbstverständlichkeit aus, dass zum Menschsein Fehler, Mängel und die Möglichkeit des Scheiterns gehören. Sie wecken Hoffnungen, ermutigen zu neuen Wegen. Sie bejahen das Leben und den Menschen. Sie wollen sein Bestes. Sie vermitteln das Gefühl tiefer Geborgenheit.

Sie sprechen wenig, nur manchmal Sätze wie diesen: Gut, dass Du da bist. Ich habe schon lange auf Dich gewartet. – Fürchte Dich nicht. – Trau Dich! – Alles wird gut. – Bleib bei mir. – Komm wieder.

Sie fragen, liebe Leser, ob denn etwa jeder diese Gestalt in sich habe? Ja! Wir könnten nicht leben, wenn wir nicht – in welchem Maße auch immer – das Leben bejahen würden. Das gilt auch für Menschen, die zutiefst verletzt wurden? Ja! Ich habe im Lauf der Zeit viele solcher Menschen kennengelernt. Und warum auch sie, wenngleich manchmal erst nach längerer Zeit, die Verbündeten erfahren können? *Weil ein Mensch immer mehr ist als das Problem, das ihn zu überwältigen droht.*

Es gibt besondere Wertgestalten, die für die Weiterbildung der Persönlichkeit – außer den genannten Symbolisierungen der spezifisch humanen Werte – sehr geeignet sind: zum Beispiel der innere Künstler, der Maler, der Bildhauer, der Musiker, der Spirituelle, der Priester, der Intelligente etc. Wer sie erlebt, beginnt zu ahnen, wie viel Leben in uns darauf wartet, gelebt zu werden.

- Neben den genannten Gestalt gewordenen Werten – ich nenne sie die *großen* Wertgestalten – kennen wir inzwischen auch die *kleinen*: zum Beispiel die liebenswerte Petra, den starken Hannes, den souveränen Peter. Das bedeutet, dass sich der Imaginand auf seine *ureigene persönliche Wertmöglichkeit* ausrichtet, die er bisher nicht oder kaum leben konnte.

Ein Beispiel: Eine Studentin steht vor ihrer Abschlussklausur. Wenn sie versage, sagt sie, sei ihr ganzes Studium umsonst gewesen. Sie hat starke Prüfungsangst. Ich beschreibe ihr, was und wie wir arbeiten könnten und empfehle ihr zum Einstieg die Begegnung mit der *mutigen Julia.*[6]

Ich bitte sie, die Augen zu schließen, sage entspannende Sätze und empfehle ihr, eine Landschaft kommen zu lassen. Sie betrachtet einen See und dahinter aufragende Berge, über denen eine warme Sonne aufgeht. Dann beginnt unser stilles Gespräch:

Böschemeyer: Spüren Sie die Sonne?

Klientin lächelt: Ja. Sie streichelt mein Gesicht.

B.: Wenn Sie mögen, strecken Sie Ihre Arme seitwärts nach oben, als könnten Sie die Welt umarmen. So könnten Sie auch die Wärme der Sonne durch Ihren ganzen Körper fließen lassen.

Kl. schweigt, dann: Ist das schön! Es wird in mir ganz warm.

B.: Ist da etwas in Ihnen, wohin die Wärme nicht gelangen kann?

Kl.: Nein. Alles in mir ist hell und warm.

Schweigen.

B: Sie könnten jetzt nach vorn sehen und darauf warten, dass Ihnen die mutige Julia entgegenkommt.

Schweigen.

KL.: Da kommt jemand, aber ich weiß nicht wer.

B.: Was geht von ihm aus?

Kl. zögert, dann: Nichts Schlimmes.

Schweigen.

Kl.: Die ist größer als ich. Die sieht ja ganz verwegen aus.

B.: Wie denn?

Kl.: Die sieht aus, als ob sie einen Dschungel durchqueren wollte.

B.: Ist sie schon in Ihrer Nähe?

Kl.: Sie steht vor mir. (Leicht verlegen.) Die sieht ja aus wie ich. Der kann ich ja nicht das Wasser reichen ...

B.: Und wenn Sie stattdessen ihre beiden Hände ergreifen und spüren würden, was von Ihrer Julia zu Ihnen, Julia, herüberfließt?

Kl. schweigt, Staunen zeigt sich auf ihrem Gesicht. Sie schweigt weiter.

B.: Mögen Sie sagen, was von ihr zu Ihnen herüberfließt?

Kl.: Ruhe, Kraft, Gelassenheit, Mut, ja auch Mut! Auch Freude.

Langes Schweigen.

B.: Möchten Sie einmal ganz verwegen sein?

Kl.: Oh, oh ... Ja doch, das möchte ich ...

B.: Darf ich Sie bitten, sich von Ihrer Julia – Sie wissen, dass Sie's ja selber sind – zu dem Gebäude der Uni führen zu lassen, in der Sie demnächst Ihre Klausur schreiben werden?

Kl.: Hu, hu … muss das sein?

B.: Nein, das muss nicht sein. Sie könnten es auch morgen tun.

Kl.: Ich weiß nicht so recht …

B.: Was sagt denn Ihre Begleiterin dazu?

KL.: Die ist ja frech. Die grinst mich an, lässt mir keine Wahl.

B.: Und Sie?

Kl. lacht: Ich mir auch nicht.

Schweigen.

B.: Wie sieht's aus?

Kl.: Sie geht vor, ich folge.

B.: Zur Uni?

Kl.: Zur Uni.

B.: Toll! Vielleicht bleiben Sie noch einen Augenblick stehen, ergreifen noch einmal Julias Hände und nehmen in sich auf, was von ihr zu Ihnen herüberfließt.

Schweigen.

Kl.: Da will ich jetzt hin! Sie (die mutige Julia, die sie *im Grunde* selber ist) ist ja bei mir.

Die Klausur fand zwei Wochen später statt. Dieser ersten Wertimagination folgten 10 weitere, von denen die meisten mein Sohn Andreas begleitete. Die Klientin bestand die Klausur mit einer guten Note.

Was alle Wertgestalten charakterisiert, ist ihre ständige Bemühung darum, den Menschen zu ergänzen um das, was ihm fehlt, was er braucht, was das Bewusstsein ihm nicht zu geben vermag. Sie sind eindeutig und dem bewussten Ich in jeder Weise überlegen. Sie stellen in ihrer Gesamtheit das „größere Ich" dar.

- Die Märchen, Mythen und Träume wissen es, schon Goethe wusste es und Freud erst recht. Auch die Wertimaginationen wissen, dass „zwei Seelen, ach, in meiner Brust wohnen". Die eine Seele? Das sind die das Leben bejahenden *Wertgestalten*. Die andere? Ich nenne ihn den Gegenspieler, der in vielen Wertimaginationen hör- und sichtbar wird, der gegen das Leben spielt, der Leben nicht will, der es stört oder zerstört, der den Einzelnen und ganze Völker bedroht. Er ist der Lebensverneiner schlechthin. Woher er kommt? Er ist eine *Gege-*

benheit des Lebens. Wer ihn erlebt hat und ihn kennt – und dazu bedarf es keiner Wertimaginationen –, weiß, dass das Spannungsfeld zwischen Lebensbejahung und Lebensverneinung zu unserem Leben gehört, dass aber die konsequente Ausrichtung auf das, was für uns wertvoll ist, die Macht des Gegenspielers erheblich begrenzt.

Diese Welt ist in kaum vorstellbarerweise polyphon, also vielstimmig und vielsagend. Sie ist reich an Erkenntnis- und Fantasieschätzen, reich auch an geistiger Kraft. Und diese Schätze brauchen wir dringlicher denn je, wenn nicht die Schere zwischen technologischer Entwicklung einerseits und humaner Entwicklung andererseits zu einem noch ernsteren Problem als bisher werden soll.

Die innere Welt des Menschen, deren Mitte nicht der Trieb, sondern der Geist, deren Grund nicht das Chaos ist, sondern der Sinn, deren Ziel nicht der Hass ist, sondern die Liebe, bietet alle Voraussetzungen dafür, dass wir Lösungen finden, wie Menschen als Menschen in dieser und der kommenden Zeit wertvoller leben können als bisher. Denn unsere Tiefe ist hell.

ANMERKUNGEN

[1] A. Rosenberg: Ursymbole und ihre Wandlung. Einführung in das Symbolverständnis, Freiburg i.B. 1992, S. 21 f.

[2] Viktor E. Frankl: Theorie und Therapie der Neurosen. Einführung in Logotherapie und Existenzanalyse München/Basel 1975, 4. Aufl., S. 97

[3] Ebd., S. 174

[4] Ders.: Der unbewusste Gott, Wien 1992, S. 47

[5] Das Konzept der Wertimagination habe ich ausführlich dargestellt in: Unsere Tiefe ist hell. Wertimaginationen – ein Schlüssel zum Sinn, München, 5. Auflage

[6] Name geändert.

LITERATUR

Böschemeyer, U.: Unsere Tiefe ist hell. Wertimagination – ein Schlüssel zur inneren Welt, München 2013, 5. Aufl.

Ders.: Worauf es ankommt. Werte als Wegweiser, München 2013, 6. Aufl.

Ders.: Du bist viel mehr. Wie wir werden, was wir sein können, Salzburg 2010

Ders.: Machen Sie sich bitte frei. Entdecken Sie Ihre Furchtlosigkeit, Salzburg 2012

Ders.: Begeisterung fürs Leben. Die Kraft deiner Gedanken Hamburg 2013

Ders.: Gottesleuchten. Begegnungen mit dem unbewussten Gott in unserer Seele, München 2007

Bartens, W.: Körperglück. Wie gute Gefühle gesund machen, München 2010

Frankl, V. E.: Ärztliche Seelsorge. Grundlagen der Logotherapie und Existenzanalyse, Frankfurt a.M. 1987, 14. Aufl.

Ders.: Der unbewusste Gott. Psychotherapie und Religion, München 1992

Ders: ... trotzdem Ja zum Leben sagen. Ein Psychologe erlebt das Konzentrationslager, München 2008, 29. Aufl.

Ders.: Theorie und Therapie der Neurosen. Einführung in Logotherapie und Existenzanalyse, München/Basel 1993, 7. Aufl.

Ders.: Der Mensch vor der Frage nach dem Sinn, München 2005, 18. Aufl.

Ders. mit Lapide, P: Gottsuche und Sinnfrage, Gütersloh 2011, 4. Aufl.

Guardini, R.: Über das Wesen des Kunstwerks, Stuttgart/Tübingen 1948, 3. Auflage

Hüther, G.: Was wir sind und was wir sein können. Ein neurobiologischer Mutmacher, Frankfurt am Main, 2011, 5. Aufl.

Kitz, V.: Die 365 Tage-Freiheit, Pössneck 2012

Pascal, B.: Das Herz hat Gründe, die der Verstand nicht kennt. Schöne Gedanken, Wiesbaden 2012, S. 145

Rosenberg, A.: Ursymbole und ihre Wandlung. Einführung in das Symbolverständnis, Freiburg i.B. 1992

Scharmer, C.O.: Theorie U. Von der Zukunft führen, Heidelberg 2013, 3. Aufl.

Schwarz, A. A.; Schweppe, R. P.: Die Philosophische Hausapotheke. Rezepte und Strategien von Konfuzius bis Schopenhauer, München 1999

Siegel, B.: Prognose Hoffnung. Liebe, Medizin und Wunder, Berlin 2008, 6. Aufl.

AUSWAHL DER LITERATUR VON
UWE BÖSCHEMEYER

Sich selbst bejahen, Hamburg 2002
Die Sprache der Träume, Hamburg 2002
Sinn für mein Leben finden, Hamburg 2002
Die Kraft deiner Gedanken, Hamburg 2002
Gespräche der inneren Welt, Hamburg 2006
Gottesleuchten. Begegnungen mit dem unbewussten Gott in unserer Seele, München 2007
Vertrau der Liebe, die dich trägt. Von der Heilkraft biblischer Bilder, München 2009
Du bist viel mehr. Wie wir werden, was wir sein könnten, Salzburg 2010
Warum es sich zu leben lohnt, Salzburg 2010
Du bist mehr als dein Problem. Uli – eine ungewöhnliche therapeutische Begegnung, München 2010
Machen Sie sich bitte frei. Entdecken Sie Ihre Furchtlosigkeit. Salzburg 2012
Das Leben meint mich, Meditationen für den neuen Tag. Ein Jahrbuch, Hamburg 2012
Begeisterung fürs Leben, Hamburg 2013
Unsere Tiefe ist hell. Wertimagination – ein Schlüssel zur inneren Welt, München 2013

Worauf es ankommt. Werte als Wegweiser, München 2013

INFORMATIONEN

Weiterführende Informationen zur Ausbildung in Wertorientierter Persönlichkeitsbildung und Fortbildung in Wertimaginativer Logotherapie sowie zu weiteren Veranstaltungsformen erhalten Sie hier:

EUROPÄISCHE AKADEMIE FÜR WERTORIENTIERTE PERSÖNLICHKEITSBILDUNG SALZBURG
Existenzanalyse und Logotherapie
E-Mail: office@boeschemeyer.at
www.boeschemeyer.at

Hamburger Akademie für Wertorientierte Persönlichkeitsbildung
E-Mail: sekretariat@boeschemeyer.de
www.boeschemeyer.de

DR. UWE BÖSCHEMEYER erwarb 1975 bei Professor Viktor Frankl sein Zertifikat in Psychotherapie und Existenzanalyse und wurde von ihm 1980 zur Lehre autorisiert. 1982 gründete er das Hamburger Institut für Logotherapie. 2000 erhielt Böschemeyer das ECP (Europäisches Zertifikat für Psychotherapie). 2006 wurde er zum Rektor der Europäischen Akademie für Wertorientierte Persönlichkeitsbildung ernannt, 2007 in die österreichische Therapeutenliste aufgenommen. 2012 wurde ihm eine Gastprofessur an der Viktor Frankl Hochschule Klagenfurt übertragen, die er im Dezember 2013 beendete. Schwerpunkte seiner Arbeit sind die Wertorientierte Persönlichkeitsbildung und die Wertimagination. Uwe Böschemeyer ist Autor zahlreicher Bücher und war über 30 Jahre wissenschaftlicher Mitarbeiter des „Hamburger Abendblatts". Seit 2012 lebt und arbeitet er in Salzburg.